하나님의 사람을 양성하는 학교

하나님의 사람을
양성하는 학교

프롤로그

다음 세대를 위한 새로운 길

"도대체 우리 아이들을 어떻게 키워야 할까요?"

오늘도 많은 부모들이 이 질문 앞에서 머뭅니다. 입시 경쟁의 격화, 학교 폭력, 스마트폰 중독, 게임 문화…. 우리 자녀들을 위협하는 요소들은 날이 갈수록 늘어나고 있습니다. 하지만 더욱 심각한 것은 이러한 외부적 위험보다도, 자녀들이 점점 신앙에서 멀어지고 있다는 현실입니다. 일주일에 한 번 교회에서 드리는 예배만으로는 세상의 거센 물결을 이겨내기 힘듭니다. 공교육은 점점 더 세속화되어 가고, 우리의 자녀들은 하나님이 없는 세계관 속에서 성장하고 있습니다.

많은 부모님이 이런 질문을 하십니다.

"신앙과 학업, 둘 다 놓치지 않을 수는 없을까요?"

"세상과 타협하지 않고도 이 시대를 이겨낼 수 있을까요?"

이러한 질문들이 제 마음을 무겁게 누르던 중, 저는 한 가지 깨달음을 얻게 되었습니다. 유대인들의 교육에서 발견한 해답이었습니다. 유대인들은 2천 년이 넘는 디아스포라 시대를 거치면서도 그들의 신앙과 정체성을 잃지 않았습니다. 그들의 비결은 바로 교육에 있었습니다. 가정과 공동체를 통한 철저한 신앙 교육이 그들을 지켜낸 것입니다.

이러한 역사적 지혜에 기반하여, 우리에게도 단순한 지식 전달을 넘어선 다음 세대의 영적 성장을 위한 총체적 접근이 필요한 시점입니다. 이 책은 단순한 교육 이론서가 아닌, 교육 현장의 생생한 경험과 성경적 지혜가 담긴 실천적 안내서입니다. 동탄 기독학교를 설립하고 운영하면서 마주한 도전들, 그 과정에서 발견한 해답들, 그리고 성경에서 찾은 교육의 원리들이 이 책의 뼈대를 이룹니다. 이는 우리 시대의 절박한 필요에 대한 응답이자, 다음 세대를 위한 구체적인 대안을 제시하는 나침반이 될 것입니다.

여러분은 이 책을 통해 다음과 같은 것들을 발견하게 될 것입니다:

- 현대 교육의 본질적 문제점과 그 해결책
- 성경이 말하는 참된 교육의 의미
- 자녀의 영적 성장과 학문적 성취를 동시에 이룰 수 있는 방법
- 다음 세대에게 신앙을 전수하는 실제적인 방안
- 기독교 대안교육기관을 통한 교육의 새로운 가능성

감사의 말씀

이 책이 세상에 나오기까지는 많은 분의 헌신과 눈물 어린 기도가 있었습니다. 하나님께서 맡겨주신 이 귀한 사명을 이루어가는 여정에 함께해 주신 모든 분께 깊은 감사를 드립니다.

특별히 이 책의 집필 과정에서 헌신적으로 수고해 주신 황준연 작가, 이 일을 시작할 수 있도록 용기와 지혜를 주신 이성준 목사, 그리고 동탄기독학교에서 10년이 넘는 시간 동안 교육 철학을 현장에서 함께 실천해 오신 최종훈 목사와 모든 선생님께 진심 어린 감사를 드립니다. 무엇보다 이 긴 여정을 함께하며 동역자이자 기도의 후원자로 묵묵히 저를 지지해 준 아내에게 깊은 사랑과 감사를 전합니다.

로마서 12:2의 가르침

"너희는 이 세대를 본받지 말고 오직 마음을 새롭게 함으로 변화를 받아 하나님의 선하시고 기뻐하시고 온전하신 뜻이 무엇인지 분별하도록 하라."

이제 우리는 선택의 갈림길에 서 있습니다. 세상의 가치관을 따를 것인가, 아니면 하나님의 방법으로 우리 자녀들을 양육할 것인가? 이 선택은 단순히 현재의 교육 방식을 결정하는 것을 넘어, 다음 세대의 미래를 좌우하게 될 것입니다.

우리의 다음 세대가 하나님의 사람으로 자라나는 그날까지, 사탄에게 빼앗긴 교육의 영역을 되찾는 그날까지, 우리는 멈추지 않고 기도하며 함께 나아가야 할 것입니다.

지금까지 저와 학교의 철학을 믿고 묵묵히 지지하고 기도해주신 모든 학부모님들께 감사드립니다. 특히 인터뷰에 참여해주신 부모님들께도 감사드립니다.

목차

프롤로그 ● 6
감사의 말씀 ● 9

1장
하나님의 교육철학을 발견하다 ● 16

— 아버지의 마음으로 들려주는 대안교육 이야기 ● 17
— 미국 교육 경험에서 깨달음 ● 25
— 기독교 대안 교육기관을 시작한 이유와 쉐마 교육의 발견 ● 32
— 쉐마Shema의 교육적 의미 ● 39
— 교육의 본질과 하나님의 명령 ● 46
— 기독학교란 무엇인가?: 기독학교의 본질과 교육의 방향 ● 54
— 다음 세대를 위한 기독교 교육의 필요성 ● 61
— 기독교 대안교육기관이란 무엇일까? ● 70

2장
신앙으로 키우는 교육의 원리 • 78

— 노력은 습관을 이기지 못한다 • 79
— 교육 패러다임의 변화: 두 날개 교육의 중요성 • 85
— 환경 설정이 최우선이다 • 93
— 암기력의 힘: 공부를 더 재미있고 효과적으로 • 100
— 공부는 스포츠가 아니다 (경쟁이 아닌 협동) • 108
— 신앙생활은 훈련이 필요하다 • 114
— 우리 학교에 입학하려면 TV와 스마트폰을 버리세요 • 121
— 독서의 중요성과 교육 현장의 실제 • 129
— 하나님 앞에서의 단정한 복장의 중요성 • 137
  (교복을 입는 이유)

3장
미래를 여는 신앙 교육 • 144

— 우리는 온실이 아닌 모판에서 자랍니다 • 145
— 우리가 꿈꾸는 예배 • 153
— 순종과 복종의 차이 • 160
— 성공이 목표가 아니라 성장이 목표입니다 • 166
— 주일학교를 넘어서:
   우리 자녀들의 전인적 신앙교육을 위하여 • 174
— 사회성과 공동체성의 이해 • 182
— 성경적 교육모델: 기독교 대안교육기관의 본질과 방향 • 190
— 신앙전수의 필요성 • 197
— 미래를 여는 참된 교육 • 203

학부모 이야기 1
하나님이 주신 가정, 하나님이 인도하신 학교 ● 210

학부모 이야기 2
믿음으로 선택한 우리 아이들의 학교 ● 213

학부모 이야기 3
하나님과의 줄다리기 ● 216

학부모 이야기 4
자녀와 함께 찾은 신앙의 길 ● 221

에필로그 ● 225

1장
하나님의 교육철학을 발견하다

아버지의 마음으로 들려주는
대안교육 이야기

어느 날 저녁, 식사 중에 불쑥 꺼낸 아이의 질문이 아버지의 마음을 멈추게 했다.

"아빠, 대안교육이 뭐예요? 왜 거기서 공부해야 하는 거예요?"

오랫동안 교육자로 살아왔지만, 정작 자신의 아이에게 대안교육의 가치를 설명하는 일은 쉽지 않았다. 잠시 생각을 정리한 후, 아이의 눈을 바라보며 이야기를 시작했다.

"우리 가족이 정원을 가꾼다고 생각해 볼까? 장미, 튤립, 백합…. 각각의 꽃들은 저마다 다른 시기에 피어나고, 다른 방식으로 자라나지? 대안교육이란 바로 그런 거란다. 모든 아이를 똑같은 방식으로 틀에 맞추지 않고, 한 사람 한 사람의 특별한 재능과 성장 속도를 존중하며 자라도록 돕는 것이야."

아이의 눈동자가 호기심으로 반짝였다.

"그럼 일반 학교랑 뭐가 다른 거예요?"

"음… 이렇게 생각해 보자. 네가 좋아하는 레고를 조

립할 때, 설명서대로만 따라 하는 게 좋을까? 아니면 네가 상상하는 대로 마음껏 자유롭게 만드는 게 좋을까?"

"당연히 자유롭게 만드는 게 더 좋죠!"

"맞아! 대안교육은 바로 그런 거란다. 정해진 방식만 따르는 게 아니라, 네가 궁금한 것을 마음껏 탐구하고, 네가 잘하는 것을 더 깊이 발전시킬 수 있는 곳이지."

이처럼 아이들의 자유로운 탐구와 경험을 중시하는 교육 방식은 오래된 역사를 가지고 있다.

19세기 말, 미국의 철학자 존 듀이는 〈나의 교육 신조〉(1897)에서 '아이들은 경험을 통해 배워야 한다'며 경험 중심의 학습을 주장했다. 그는 교육이 단순한 지식 전달이 아닌, 아이들이 스스로 탐구하고 문제를 해결하는 과정이어야 한다는 진보주의 교육 이념을 제시했고, 이를 《민주주의와 교육》(1916)에서 구체화했다.

이탈리아의 의사이자 교육자 마리아 몬테소리는 1907년 로마 빈민가에 '어린이의 집'을 설립했다. 그녀는 이곳에서 '아이의 자율성과 감각 탐구를 통한 자발적 학습'이라는 혁신적 방법을 실천했다. 몬테소리 교육의 핵심은 아이들이 준비된 환경 속에서 스스로 학습 자료를 선택하고 탐색하며 성장하도록 돕는 데 있었다. 이후 발도르프 교육과 레지오 에밀리아 접근법 등 다양한 혁신 교육 모델이 등장하며 현대 대안교육의 기반이 마련되었다. 이러한 교육 사상들은 단순한 역사 속 이론으로 머무르지 않고, 오늘날 개별화 학습, 학생 주도성, 창의성 강조 등 현대 교육의 핵심 가치로 이어지고 있다.

이러한 교육철학에 따르면 대안교육은 '가르침'이 아닌 '배움'에 초점을 맞춘다. 이를 잘 보여주는 한 사례가 있다. 어느 학생이 환경 문제에 관심을 보였을 때, 교사는 일방적으로 환경 관련 지식을 전달하는 대신 학생이 스스로 환경 보호 프로젝트를 계획하고 실행할 수 있도록 도왔다. 학생은 이 과정에서 자연스럽게 과학, 사회 등 여러 교과의 지식을 통합적으로 습득했고, 더 놀라운 것은 이 경험을 통해 환경 운동가라는 꿈을 발견했다는 점이다.

대안교육에서 실수와 실패는 부끄러운 것이 아니다. 오

히려 그것은 새로운 배움의 출발점이 된다. 과학자들이 수많은 실험과 시행착오를 거쳐 새로운 발견에 도달하듯, 학생들도 시도하고 실패하고 다시 도전하는 과정을 통해 성장한다.

이런 맥락에서 교사들은 "실패했다고? 그러면 거기서 무엇을 배웠니?"라고 묻는다. 이러한 질문은 실패를 새로운 배움의 기회로 전환하는 힘을 가진다.

대안학교에서 교사와 학생의 대화는 "네 생각을 더 자세히 설명해 줄 수 있을까?"와 같은 질문으로 시작된다. 교사는 더 이상 '가르치는 사람'이 아닌 '함께 탐구하는 안내자'로서, 마치 등산 가이드처럼 학생이 자신만의 배움의 길을 안전하게 오를 수 있도록 곁에서 돕는다.

우리 사회는 급격한 변화의 한가운데 있다. 10년 전만해도 상상하지 못했던 직업들이 생겨나고, 새로운 기술들이 우리의 삶을 끊임없이 바꾸고 있다. 이러한 변화의 시대에는 단순한 지식 암기를 넘어 창의적 문제 해결 능력과 협력하는 능력이 무엇보다 중요하다. 대안교육은 이러한 미래 역량을 키우는 데 초점을 맞춘다. 학생들은 프로젝트 학습으로 문제 해결력을, 협동 학습으로 의사소통 능력을, 다양한 체험 활동으로 창의력을 키워나간다.

이러한 미래 역량을 키우기 위해서는 교육 시스템의 유연성이 무엇보다 중요하다. 공교육이 거대한 유람선이라면, 대안교육은 빠르게 방향을 틀 수 있는 요트와 같다. 시대의 변화에 유연하게 대응하며 교육 방식을 재구성할 수 있기 때문이다.

이러한 유연한 교육의 핵심에는 개개인의 고유한 성장 속도를 인정하는 철학이 있다. '모든 아이는 자신만의 시계를 가지고 있다'는 말은 대안교육의 핵심 철학을 잘 보여준다. 어떤 학생은 수학에서 빠른 이해력을 보이지만 언어 습득은 더딜 수 있고, 또 다른 학생은 그 반대일 수 있다. 대안교육은 이러한 개인차를 인정하고 존중하며, 각자의 속도에 맞춘 배움을 제공한다.

교육의 본질적 가치는 학업 성취를 넘어 전인적 성장에 있다. 대안교육은 지식 교육과 함께 인성, 감성, 공동체 교육을 통합적으로 추구한다. 학생들은 친구들과 협력하는 법을 배우고, 자신의 감정을 이해하고 표현하는 법을 익히며, 건강한 가치관을 형성해 간다.

졸업을 앞둔 한 학생은 이렇게 말했다.

"이곳은 선생님이 시키는 대로 하는 곳이 아니라, 내가 선택하고 그 선택에 책임지는 법을 배우는 곳이에요."

이 말은 대안교육의 본질을 정확히 담아낸다.

물론 대안교육이 모든 학생에게 최선의 선택은 아닐 수 있다. 어떤 학생은 더 구조화된 환경에서, 또 다른 학생은 자유로운 환경에서 더 잘 성장할 수 있다. 중요한 것은 각자에게 맞는 교육 환경을 찾는 것이다.

한 학부모는 이렇게 말했다.

"처음에는 우리 아이가 또래보다 느리게 배우는 것 같아 걱정했어요. 하지만 시간이 지나면서 깨달았죠. 아이가 천천히 가는 게 아니라, 자신만의 속도로 가고 있다는 것을."

대안교육기관은 단순한 교육기관이 아니다. 이곳은 각

자의 빛깔대로 자라나는 정원이자, 실수해도 괜찮은 안전한 둥지이며, 함께 배우고 성장하는 공동체다. 어느 학부모의 말처럼 '대안교육은 다른 길이 아니라, 본래의 길로 돌아가는 것'이다.

우리는 이 여정에 함께할 부모와 학생들을 기다린다. 각자의 속도로, 각자의 방식으로, 하지만 함께 성장해 나가는 이 특별한 교육의 여정에 여러분을 초대한다.

미국 교육 경험에서 깨달음

교육의 중요성을 말하기는 쉽지만, 그 진정한 가치를 깨닫기란 쉽지 않다. 나는 미국에서의 이민 목회를 통해 교육이 지닌 놀라운 힘을 직접 목격하게 되었다.

당시 우리 교회는 현지 미국 교회의 예배당을 빌려 오후 예배를 드리고 있었다. 자연스레 오전 11시 미국 교회 예배에도 참석하게 되었는데, 그곳에서 놀라운 문화적 차이를 발견했다.

"여보, 저기 좀 봐요. 미국 아이들은 예배 시간에 저렇게 차분한데, 우리 아이들은 왜 저렇게 안절부절 못하는 걸까요?"

한인 교회 아이들은 예배 시간에 산만하게 움직이고 부모의 끊임없는 제재가 필요했지만, 미국 교회 아이들은 마치 어른처럼 차분히 예배에 참석했다. 이러한 차이는 교회 식사 시간에도 그대로 드러났다. 한쪽에서는 아이들이 뛰어다니며 소란스러운 반면, 다른 쪽에서는 아이들이 질서 있게 자리에 앉아 식사 예절을 지키며 대화를 나누고 있었다.

호기심이 생겼다. 어떻게 저 아이들은 자연스럽게 저런 성숙한 태도를 보일 수 있는 걸까? 이 의문은 결국 우리 아이를 그들의 기독교 학교에 보내는 결정적인 계기가 되었다.

처음에는 우리 아이도 다르지 않았다. 집중력이 부족하고, 과도한 대화로 인해 여러 차례 교사와 상담을 해야 했다. 그러나 시간이 지나면서 놀라운 변화가 찾아왔다. 예배 시간에 차분히 앉아 있는 모습을 보게 되었고, 이를 통해 교육이 아이의 행동과 인성에 미치는 깊은 영향력을 실감하게 되었다.

"왜 우리 아이는 처음부터 이런 모습을 보이지 못했을까? 그리고 이런 변화는 단순한 교육 방식의 차이 때문일까, 아니면 더 깊은 문화적 차이에서 비롯된 것일까?"

이 질문은 우리의 교육 방식에 대한 근본적인 성찰로 이어졌다. 그동안 우리는 혼내고 소리 지르고 체벌하며 부모의 강한 통제를 통해 아이를 순응하게 만드는 것을 교육이라 착각했다.

하지만 이러한 방식은 오히려 아이가 자기 통제력을 키울 기회를 빼앗는 것이었다. 진정한 교육은 잘못된 행동을 단순히 통제하거나 꾸짖는 것이 아니라, 아이가 스스로 올바른 행동을 선택할 수 있도록 이끄는 것임을 깨달았다.

한국의 교육은 오랫동안 교사가 다수의 학생을 대상으로 일방적인 지식 전달에 치중해 왔다. 나 역시 한국 문화에서 자라며 이러한 교육 방식을 당연하게 여겼다. 귀국 후, 한국에서 마주한 교육 현장의 모습은 더 충격적이었다.

어느 날 우리 아이가 물었다.

"아빠, 시험을 못 봤는데 왜 선생님께 혼나야 해요?"

이 순수한 질문은 우리 교육의 본질적 문제를 드러냈다. 낮은 시험 점수가 꾸중 받아야 할 잘못인가? 이 물음은 우리 교육의 방향성을 다시 생각하게 했고, 강요가 아닌 자발적 학습 환경의 중요성을 일깨워주었다.

이러한 깨달음은 동탄기독학교 교육 철학의 토대가 되었다. 우리는 '가르치지 않고 스스로 배우는 학교, 지식의 전달보다는 먼저 그릇을 만드는 학교, 규제나 통제보다는 스스로를 관리할 수 있는 아이로 세우는 학교'를 꿈꾸며 학교를 설립했다. 주입식 교육에서 벗어나 학생들이 자발적으로 배우고, 자신의 행동을 스스로 조절하며 책임질 수 있는 능력을 키우는 것, 이것이 바로 우리가 말하는 '그릇을 만드는 교육'의 핵심이다.

이러한 교육 목표를 실현하기 위해 우리는 두 가지 핵심 과제에 집중했다. 첫째는 아이가 자신을 깊이 이해하도록 돕는 것이다. 자신의 강점과 약점, 흥미와 적성을 발견하고 이해하는 과정은 모든 배움의 출발점이 되기 때문이다.

둘째는 메타인지 학습 능력을 키우는 것이다. 이는 자신의 학습 과정을 이해하고 조절하는 능력으로, 학생이 무엇을 알고 무엇을 모르는지, 어떻게 하면 더 효과적으로 배울 수 있는지를 스스로 파악하는 것을 의미한다. 이를 위해 우리는 학생들이 자신의 학습 상태를 진단하고 구체적인 학습 계획을 수립할 수 있도록 개별적인 코칭을 제공한다.

교육의 본질을 생각할 때, '학습(學習)'이라는 단어의 의미를 되새겨볼 필요가 있다. '습(習)'의 반대말이 '교(敎)'라는 점은 학습의 본질이 가르침이 아닌 배움에 있음을 시사한다. 한국 교육은 오랫동안 '가르치기'에만 집중했지만, 이제는 '배움' 중심으로의 근본적인 변화가 필요한 시점이다.

아직도 많은 학교에서 교육은 교사의 일방적인 지식 전달에 머물러 있다. 이러한 방식으로는 학생들의 자발적 사고력과 문제 해결 능력을 키워줄 수 없다. 더구나 오늘날의 교육 현장은 지식 전달과 입시 위주 교육에 치중되어 있어, 균형 잡힌 성장을 저해하고 있다.

진정한 교육은 단순한 지식 전달을 넘어서는 것이다. 아이들의 내면에 잠재된 가능성을 일깨우고, 그들이 스스로를 발견하며 성장해 나가도록 돕는 과정이어야 한다. 학생들이 다양한 활동을 통해 자신만의 목표를 설정하고, 그 목표를 향해 나아가는 과정에서 자기 주도적인 성장을 경험하도록 돕는 것이 교육의 참된 목표이다.

우리가 미국에서 본 아이들의 차분한 태도는 단순한 규율의 결과가 아니었다. 그것은 어릴 때부터 체득한 자기

주도적 학습과 기독교 정신에 기반한 인격 존중 교육이 만들어낸 결실이었다. 지식만이 아닌 정서와 감성, 인성을 포함한 전인적 성장이 이러한 교육을 통해 실현되고 있었던 것이다.

이제 우리도 이러한 교육을 실현할 때이다. IQ와 EQ의 균형 잡힌 발달을 통해 지식과 인성을 겸비한 온전한 인격체로 성장하도록 돕는 것, 아이들이 스스로 생각하고, 선택하고, 책임지는 법을 배우는 곳을 만드는 것. 바로 이것이 우리가 추구하는 '그릇을 만드는 교육'이며 진정한 대안교육의 모습이다.

기독교 대안 교육기관을 시작한 이유와 쉐마 교육의 발견

교회를 개척하기 전, 나는 원대한 꿈을 품고 있었다. 기독교 문화를 정착시키고, 찬양 사역을 통해 예배를 회복하며, 목장교회 모델로 새로운 교회 공동체를 세우고자 했다. 당시 나는 문화적 영향력이 교회 성장의 핵심이라 확신했다. 매주 찬양 예배를 정성껏 준비하고, 성경 공부와 목장 모임을 충실히 운영하며, 교회 성장에 모든 열정을 쏟았다. 그 결과 외적으로는 어느 정도 성과를 거두었다.

그러나 시간이 지나도 성도들의 영적 성숙도는 기대만큼 변화하지 않았다. 예배는 점차 형식적으로 변해갔고, 목장 모임은 단순한 의무감으로 이어지는 경우가 많았다. 어느 날 밤, 책상 앞에 앉아 '이것이 진정한 교회의 모습일까?'라는 질문을 스스로에게 던졌고, 결국 답을 찾지 못한 채 무릎 꿇고 기도할 수밖에 없었다.

기도 중에 하나님께서는 한국 사회의 아픈 현실을 보여주셨다. 당시 교육부 통계에 따르면, 약 15만 명의 청소년이 학교를 중퇴했고, 그중 절반 이상이 가출, 폭력, 성매매 등의 위험한 환경에 노출되어 있었다. 이러한 현실 앞에서 '진정한 목회란 무엇인가?'라는 근본적인 질문이 내 마음을 흔들었다.

 교회를 개척한 후, 나는 두 가지 상반된 현상을 목격했다. 한편으로는 새로운 교회들이 끊임없이 세워졌지만, 다른 한편으로는 다음 세대가 급속히 교회를 떠나고 있었다. 대형 교회에서는 여전히 청소년들이 많아 보였지만, 중형 교회에서는 그 수가 급격히 감소했고, 소형교회에서는 이미 청소년들을 찾아보기 어려운 상황이었다. 이러한 현실은 나의 목회 방향을 결정적으로 바꾸게 했다. 이미 많은 목회자가 교회를 섬기고 있었기에, 나는 다음 세대를 살리는 일에 집중하기로 결단했다.

 처음에는 방과 후 학교를 운영했다. 그러나 곧 예상치 못한 현실에 직면했다. 크리스천 부모들의 관심은 자녀의 영성과 인성이 아닌 오직 학업 성적에 집중되어 있었다. '좋은 대학만 가면 된다'는 세속적 가치관이 신앙적 가치관을 압도하고 있었다. 이러한 현실 앞에서 나는 깊은 회의를 느꼈고, 방과 후 학교를 넘어 더 근본적인 해결책이 필요함을 절감했다.

 이때 나는 자신에게 두 가지 질문을 던졌다.

"만약 내가 선교사가 되어 복음이 전해지지 않은 곳에 간다면, 무엇을 먼저 시작할까?"

"우리나라에 처음 온 선교사들은 무엇을 가장 먼저 했을까?"

그들은 화려한 공연장이 아닌, 이화학당과 배재학당 같은 학교를 세웠다. 교육이야말로 한 사회를 근본적으로 변화시키는 힘이라는 것을 그들은 알고 있었다.

더욱 안타까운 것은 교회의 청소년 위기 상황에 대한 분석과 대책이 실효성을 거두지 못하고 있었다는 점이었다. 많은 교회가 문화 사역에 집중했다. 최신 음향, 영상, 조명 시설을 도입하고, 현대 문화를 적극 수용하며, 젊은이들의 관심을 끌기 위한 다양한 문화 프로그램을 운영했다. 그러나 이러한 노력에도 불구하고 청소년들은 계속해서 교회를 떠났고, 교회는 점차 세상과 구별되기 어려운 모습으로 변해가고 있었다.

이러한 깊은 고민 끝에 나는 문화 사역에서 교육 사역으로 방향을 전환했다. 미국의 'Church School'은 내게 중요한 모델이 되었다. 이들은 기독교 세계관에 기반한 체계적인 커리큘럼으로 주중 학교를 운영하며, 세속화된 사회 속에서도 학생들이 믿음을 지키고 올바른 가치관을 형성할 수 있도록 돕고 있었다.

반면 한국의 기독교 교육은 교회에서 이루어지는 주일 예배와 수련회 같은 단기적인 프로그램에 머물러 있었다. 이러한 현실 속에서 나는 한국에도 주중에 이루어지는 기독교 교육이 필요하다는 확신을 갖게 되었고, 이것이 동탄기독학교를 설립하게 된 결정적인 계기가 되었다.

학교를 설립한 후, 나는 우리 학교가 단순히 지식을 전달하는 일반 학교가 되어서는 안 된다는 깊은 고민에 빠졌다. 이때 《IQ는 아버지 EQ는 어머니 몫이다》의 저자인 현용수 박사와의 만남은 결정적인 전환점이 되었다. 그를 통해 나는 '쉐마 교육'이라는 새로운 교육적 패러다임을 발견했고, 이는 성경을 보는 새로운 관점을 열어주었다.

기존의 구속사적 관점을 넘어, 기독교 교육학적 관점에서 구약 전체를 '하나님 백성 양성 매뉴얼'로 재해석하게 되었다. 디모데후서 3:16~17은 '모든 성경은 하나님의 감동으로 된 것으로 교훈과 책망과 바르게 함과 의로 교육하기에 유익하니 이는 하나님의 사람으로 온전하게 하며 모든 선한 일을 행할 능력을 갖추게 하려 함이라'라고 말한다. 이 말씀을 통해 구약 성경이 신약 성경과 더불어 우리를 하나님의 사람으로 온전하게 하는 최고의 교육 교재임을 깨닫게 되었다.

이러한 깨달음을 바탕으로 우리 학교는 쉐마교육의 원리를 교육 현장에서 구체적으로 실천하기 시작했다. 매일 아침 전교생이 함께하는 성경 읽기와 묵상, 매주 진행되는 예배와 제자 훈련, 그리고 월 1회 열리는 학부모 기도회가 그 핵심 프로그램이다. 또한, 모든 교과 수업에서는 성경적 관점에서 지식을 해석하고 적용할 수 있도록 기독교 세계관 교재(SOT)를 채택하여 사용하고 있다. 이러한 통합적 접근을 통해 학생들은 단순한 지식 습득을 넘어 성경적 세계관을 형성해 가고 있다.

돌이켜보면, 기독대안학교를 시작한 것은 단순한 교육 사역의 전환이 아니었다. 그것은 다음 세대의 위기 앞에서 내린 목회자로서의 결단이었으며, 한국 교회의 본질적 회복을 향한 간절한 부르심이었다. 특별히 쉐마 교육의 발견은 이 여정이 올바른 방향이었음을 확신하게 해주었다. 하나님께서는 문화 사역에서 교육 사역으로의 전환을 통해, 우리가 마주한 시대적 과제에 대한 성경적 해답을 보여주셨다.

쉐마Shema의 교육적 의미

현용수 박사의 소개로 방문한 미국 캘리포니아의 유대인 공동체는 나에게 깊은 충격을 주었다. 21세기 미국 한복판에서 마주한 그들의 삶은 마치 시간 여행을 한 듯한 느낌을 주었다.

그들 공동체에서 처음 발견한 특이점은 현대 문명의 상징인 TV의 부재였다.

"여기는 TV가 없네요?"라는 나의 질문에 안내를 맡은 랍비는 빙그레 웃으며 의미심장한 대답을 했다.

"우리는 아이들이 미디어에 지배되지 않도록 합니다. 대신 책을 읽고, 토론하며, 깊이 생각하는 시간을 갖습니다."

이 대답은 그들의 교육철학을 단적으로 보여주었다.

그들의 삶은 현대 사회의 일반적인 모습과는 분명히 달랐다. 현대 미디어를 의식적으로 차단하고, 미국의 주류 문화를 그대로 받아들이기보다 자신들의 전통을 고수하며 살아가고 있었다. 더욱 놀라운 점은 이들이 소수자임에도 불구하고 오히려 주류 사회에 강한 영향력을 미치고 있다는 사실이었다. 안식일을 지키기 위해 학교 시험 제도를 변경하게 하고, 전통적인 복장을 고수하며, 모든 학문의 기초를 성경에 두고 있었다.

"왜 이렇게 사시나요?"라는 나의 근본적인 질문에 한 어머니는 단순하면서도 확신에 찬 답변을 해주었다.

"하나님을 알고 그분의 말씀대로 살기 위해서입니다. 이것이 우리와 우리 자녀들에게 가장 복된 삶의 길이라 믿기 때문입니다."

그들이 이처럼 구별된 삶을 사는 이유는 분명했다. 신명기의 말씀처럼, 하나님의 복을 얻기 위해서는 그분의 규례와 율례와 법도를 행하며 정의와 공의를 지켜야 한다는 믿음이 있었다. 유대인들은 이 말씀을 따라 철저하게 하나님의 가르침을 배우고 실천하고 있었다.

더욱 놀라운 것은 이러한 삶의 방식이 세상에서도 탁월한 성과로 이어지고 있다는 점이었다.

전 세계 인구의 0.2%에 불과한 유대인들이 노벨상 수상자의 23%를 차지했고, 미국 내에서도 2%의 인구로 아이비리그 진학생의 30%를 차지하고 있었다. 이러한 통계는 그들의 교육 방식이 단순한 종교적 실천을 넘어 실질적인 성취로 연결된다는 것을 명확하게 보여주었다.

이러한 발견은 나를 더욱 깊은 연구로 이끌었다. 유대인의 교육 방식을 한국의 교육 현장에 적용한다면, 우리도 하나님이 축복하시는 학교를 세울 수 있으리라는 확신이 생겼다. 이를 통해 우리 아이들도 세계 무대에서 글로벌 리더로 성장할 수 있는 환경을 제공하고자 했다.

유대인의 교육 방식을 자세히 연구하면서, 나는 쉐마 Shema의 진정한 의미를 깨닫게 되었다. '이스라엘아 들으라 우리 하나님 여호와는 오직 유일한 여호와이시니 너는 마음을 다하고 뜻을 다하고 힘을 다하여 네 하나님 여호와를 사랑하라'(신 6:4~5)라는 말씀은 단순한 종교적 구호가 아니었다. 이는 삶의 모든 영역에서 하나님을 인정하고 그분의 방식을 따르라는 전인격적 교육의 원리였다.

현대 교육은 성적을 절대적인 기준으로 삼아, 성적 우수자의 모든 행동을 정당화하고 성적이 낮은 학생은 인정받지 못하는 구조를 형성하고 있다. 그러나 쉐마 교육에서는 하나님의 말씀이 최우선 기준이 된다. 학업 성취도가 아무리 높아도 하나님의 말씀에 불순종하는 삶은 정당화될 수 없으며, 말씀을 듣고 순종하는 것이 가장 중요한 가치로 여겨진다.

쉐마 교육의 원리는 상담과 문제 해결에서도 새로운 시각을 제시한다. 현대 인본주의 상담에서는 내담자의 이야기를 경청하고 공감하는 것을 최우선으로 하지만, 성경은 우리가 먼저 하나님의 말씀을 듣고 순종해야 함을 강조한다. '들으라 이스라엘아'라는 말씀은 단순한 권유가 아니라 명령이다. 우리의 문제 해결은 단순히 누군가가 우리의 이야기를 들어주지 않아서가 아니라, 하나님의 말씀을 듣고 순종하지 않기 때문에 발생한다는 사실을 깨닫게 된다.

이 원리는 우리 학교의 한 사례에서도 분명하게 드러났다. 학교생활에 적응하지 못하고 늘 불만이 많았던 한 학생이 있었다. 그는 상담 시간마다 자신의 이야기만 하려 했지만, 우리는 그와 함께 하나님의 말씀을 읽고 그 뜻을 찾아보는 시간을 가졌다. 처음에는 어색해했지만, 점차 말씀을 통해 자신의 상황을 바라보기 시작했고, 결국 태도가 변화하기 시작했다.

우리가 인생의 문제를 해결하지 못하는 근본적인 이유는 우리의 이야기를 들어줄 사람이 없어서가 아니다. 하나님의 음성에 귀 기울이지 않기 때문이다. 우리는 종종 하나님의 말씀보다 자신의 경험과 생각, 타인의 의견을 더 중요하게 여긴다. 자신의 생각과 경험만을 기준으로 삼으면, 우리는 성경이 경계하는 '자기 소견에 옳은 대로 행하는' 길을 걷게 된다.

'그때에 이스라엘에 왕이 없으므로 사람이 각각 그 소견에 옳은 대로 행하였더라'(삿 21:25)는 말씀은 절대적 기준의 필요성을 보여준다.

자 없이 길이를 잴 수 없고 저울 없이 무게를 잴 수 없듯이, 성경 없이는 인생의 올바른 방향을 측량할 수 없다. 인생은 매일 새로운 여정이다. 로버트 프로스트의 시 '가지 않은 길'처럼, 우리는 매일 아무도 가보지 않은 길을 걸어간다. 이때 필요한 것이 바로 하나님의 말씀이라는 내비게이션이다. 그분의 말씀은 우리가 가야 할 방향을 정확히 제시해 준다.

현대 사회는 정보의 홍수 속에 있다. 인터넷과 미디어를 통해 쏟아지는 수많은 정보 속에서, 우리 자녀들은 끊임없이 옳고 그름을 분별해야 하는 도전에 직면해 있다. 그러나 정보의 양이 많다고 해서 진리가 포함된 것은 아니다. 이때 필요한 것은 단순한 정보 습득이 아니라, 영적 분별력이다. 진정한 분별력은 하나님의 말씀을 기준으로 삼을 때에만 가능하다. 쉐마 교육은 바로 이러한 영적 분별력을 키워주는 교육이다.

우리는 이러한 비전을 가지고 학교를 운영하고 있다. 단순한 지식 전달을 넘어서, 하나님의 말씀을 통해 바른 가치관을 형성하고 이를 삶 속에서 실천할 수 있는 지혜를 가르치고자 한다. 이것이 바로 우리가 추구하는 쉐마 교육의 본질이다.

교육의 본질과
하나님의 명령

"선생님, 교육이란 무엇일까요?"

교장실을 찾아온 학부모의 질문에 R.H. 리브스의 동물학교 이야기를 들려주었다.

옛날 동물들이 특별한 학교를 세웠다. 이 학교에서는 모든 동물이 수영, 달리기, 나무 오르기, 날기를 필수적으로 배워야 졸업할 수 있었다.

수영의 달인 오리는 나무 오르기를 연습하다가 물갈퀴가 닳아 수영 실력이 떨어졌고, 달리기 선수 토끼는 수영을 배우다 다리에 이상이 생겼다. 나무 타기의 명수 다람쥐는 날기 연습 중 다치면서 자신의 특기마저 잃었고, 날기만 고집하던 독수리는 문제아로 낙인찍혔다.

하워드 가드너의 다중지능 이론은 이 우화가 지적하는 현대 교육의 문제점을 과학적으로 뒷받침한다. 인간의 지능은 단일한 능력이 아니라 언어지능, 논리수학지능, 공간지능, 음악지능, 신체운동지능, 대인관계지능, 자기성찰지능, 자연친화지능 등 다양한 영역으로 구성되어 있다.

이는 하나님께서 각 사람에게 고유한 재능을 주셨다는

성경의 가르침과 정확히 일치한다. 획일적인 기준을 적용하면 학생들은 각자의 재능을 제대로 발휘할 수 없으며, 더 심각한 문제는 많은 아이가 이 과정에서 자신의 정체성을 잃어버린다는 점이다.

이러한 교육의 문제는 기독교 가정에서 더욱 심각한 양상으로 나타난다. 최근 한 성도와 나눈 대화가 떠오른다.

"목사님, 고민이 많아요. 아이가 학원 다니느라 너무 바빠서 성경을 읽힐 시간도 없고, 주일예배도 자주 빠지게 돼요. 이래도 되는 걸까요?"

또 다른 성도는 이런 고백을 했다.

"저희 아이는 주말에도 영어학원을 다녀요. 교회 오는 시간에 모의고사를 보거든요. 마음이 아프지만 어쩔 수 없잖아요…."

이러한 사례들은 오늘날 기독교 가정이 직면한 위기를 단적으로 보여준다. 학업과 사회적 성공을 위한 열망이 신앙과 인성 교육을 뒷전으로 밀어내고 있다.

우리 교회의 한 사례는 이러한 현실을 더욱 분명히 보여준다. 중학교 때까지 열심히 신앙생활을 하던 한 학생이 고등학교에 진학하면서 부모의 권유로 주일예배를 쉬기 시작했다. '대학에 입학하면 그때 다시 교회 다니면 되지 않겠냐'는 이유였다. 그러나 결과적으로 그 학생은 원하던 대학에도 가지 못했고, 신앙도 잃어버렸다.

더욱 심각한 문제는 세속적 교육과정을 통해 무신론적, 유물론적 사고방식이 자연스럽게 자리 잡는다는 점이다. 진화론, 세속적 가치관, 물질주의적 성공관 등이 교과과정 전반에 스며들어 있다. 자녀들이 하루 대부분을 학교와 학원에서 보내며 이러한 가치관에 지속적으로 노출되는 상황에서, 가정에서의 제한된 신앙 교육만으로는 그 영향을 막아내기 어렵다. 이는 마치 거센 폭포수 앞에서 작은 물잔으로 맑은 물을 지키려는 것과 같다.

한 고등학생의 고백은 이러한 현실을 잘 보여준다.

"처음에는 성경과 과학이 충돌할 때 혼란스러웠어요. 그런데 점점 과학적 사실이 더 믿을만하다고 생각하게 됐어요. 이제는 창조론이 동화처럼 느껴져요."

이러한 혼란스러운 현실 속에서 신명기 6:6~7은 분명한 방향을 제시한다.

"오늘 내가 네게 명하는 이 말씀을 마음에 새기고, 네 자녀에게 부지런히 가르치며, 집에 앉아있을 때이든지, 길을 갈 때이든지, 누워 있을 때이든지, 일어날 때이든지 이 말씀을 강론하라."

교육은 단순한 지식 전달이 아니다. 마치 깨끗하고 좋은 그릇이 있어야 귀한 것을 담을 수 있듯이, 교육은 지식을 올바로 담을 수 있는 그릇을 만드는 과정이어야 한다. 좋은 그릇이란 단단하면서도 적절한 형태를 갖추고 있어야 하듯이, 교육도 인성이라는 단단한 바탕 위에 각자의 재능이라는 고유한 형태를 갖추어야 한다.

부모는 자녀의 첫 번째 교사로서, 삶의 모든 순간에서 하나님의 말씀을 가르쳐야 한다. 이는 단순히 성경 구절을 암기시키는 것이 아니라, 모든 상황 속에서 하나님의 관점으로 세상을 바라보는 법을 가르치는 것이다. 수학을 배울 때는 하나님의 질서를, 과학을 배울 때는 창조의 신비를, 역사를 배울 때는 하나님의 섭리를 발견하도록 도와야 한다.

이러한 맥락에서 우리는 몇 가지 중요한 질문을 던져보아야 한다.

"나는 자녀의 신앙 교육에 얼마나 시간을 쓰고 있는가?"
"학원 시간표처럼 가정예배 시간도 정해두었는가?"
"성적표만큼 아이의 신앙 성장에도 관심을 두고 있는가?"

마태복음 6:33의 '너희는 먼저 그의 나라와 그의 의를 구하라'는 말씀은 교육에도 그대로 적용되는 삶의 우선순위 원리이다. 많은 부모가 '대학 입학 후에', '취직하고 나서'라며 신앙 교육을 뒤로 미루고 있지만, 이는 성경의 가르침과 정면으로 배치된다.

하나님께서 아브라함을 선택하신 이유도 '그가 자식들과 자손을 잘 가르쳐서, 나에게 순종하게 하고, 옳고 바른 일을 하도록 가르치라는 뜻에서'였다. 이는 자녀의 신앙교육은 선택하거나 미뤄놓거나 할 수 있는 것이 아니라, 가장 우선시되어야 할 하나님의 거룩한 사명임을 분명히 보여준다.

최근 한 가정의 변화는 이러한 교육의 가능성을 잘 보여준다. 이 가정은 주일 오후를 '가족 봉사의 날'로 정했다. 음악에 재능이 있는 딸은 교회 찬양팀에서 봉사하고, 미술을 좋아하는 아들은 주일학교 환경미화를 담당했다. 처음에는 시간 낭비처럼 보였지만, 아이들은 자신의 재능으로 하나님과 이웃을 섬기는 기쁨을 알게 되었고, 학업에서도 더 좋은 성과를 거두었다.

동물학교 이야기의 결말은 우리에게 희망을 준다. 동물들은 결국 각자의 고유한 재능을 최대한 살리는 방향으로 교육 방식을 바꾸었고, 그 결과 모든 동물이 자신의 영역에서 뛰어난 성과를 이룰 수 있었다.

마찬가지로 교육의 본질은 하나님의 형상대로 지음 받은 인간이 그 본연의 모습을 회복하고 하나님이 주신 사명을 감당할 수 있도록 돕는 것이다. 마치 정원을 가꾸는 일처럼, 각각의 꽃이 자신만의 시기에 자신만의 방식으로 아름답게 피어나도록 돕는 것이 필요하다.

정원사는 모든 꽃을 다 동일하게 피우려 하지 않는다. 대신 각각의 꽃이 자신의 본질을 찾아 아름답게 피어나도록 돕는다. 어떤 꽃은 봄에, 어떤 꽃은 여름에, 또 어떤 꽃은 가을에 피어난다. 크기도, 색깔도, 향기도 모두 다르지만, 그것이 바로 정원의 아름다움이다.

이처럼 우리도 자녀들이 하나님께서 주신 고유한 재능과 시기에 따라 성장하도록 도와야 한다. 이것이 바로 하나님께서 우리에게 맡기신 교육의 진정한 모습이며, 우리가 감당해야 할 거룩한 사명이다.

기독학교란 무엇인가?:
기독학교의 본질과 교육의 방향

기독학교는 학생들이 자신의 정체성을 발견하고, 하나님께서 주신 사명을 깨달아가는 거룩한 공간이다. 이곳에서 학생들은 삶의 진정한 의미와 가치를 발견하고 배움의 기쁨을 누린다. 마치 도예가가 흙으로 아름다운 그릇을 빚어내듯, 기독교 교육은 한 인간의 잠재력을 일깨워 그 안에 담긴 하나님의 형상을 드러내는 거룩한 작업이다.

그러나 오늘날의 학교 교육은 이러한 본질적 가치를 잃어가고 있다. 하나님의 부르심과 사명은 뒷전이 된 채, 성적과 입시만이 학교의 중심이 되어버렸다. 학생들은 하나님께서 주신 지혜와 지식의 참된 의미를 깨닫지 못한 채, 단순 암기에만 매달리고 있다. 이는 마치 목적지도 모른 채 무작정 달리기만 하는 것과 같다. 하나님께서 보여주시는 길은 보지 못한 채, 세상이 정해놓은 좁은 길만을 따라가고 있는 것이다.

기독학교의 본질적인 역할은 크게 세 가지 측면으로 나타난다.

영적 성장의 측면에서, 기독학교는 학생들이 하나님의 말씀을 통해 진리를 발견하고, 신앙의 여정을 시작하는 곳이다. 단순한 지식 전달을 넘어, 성경적 세계관을 바탕으로 한 비판적 사고력과 분별력을 키우고, 하나님 안에서 배움의 의미를 발견하는 공간이 되어야 한다.

인성 발달의 측면에서, 기독학교는 그리스도의 사랑을 바탕으로 한 공동체 속에서 서로를 이해하고 섬기는 태도를 배우는 곳이다. 여기서 학생들은 하나님의 형상으로 지음받은 타인을 존중하는 법을 배우며, 하나님 나라의 시민으로서의 소양을 갖추게 된다.

자아 발견의 측면에서, 기독학교는 학생들이 하나님께서 자신을 창조하신 목적과 주신 은사 그리고 재능을 발견하고, 이를 발전시켜 나갈 기회를 제공한다. 다양한 경험과 도전을 통해 하나님께서 예비하신 길을 탐색하고, 그리스도인으로서의 삶을 준비할 수 있도록 돕는다.

이러한 교육 과정에서 교사는 영적 멘토이자 안내자로서 핵심적인 역할을 한다. 마치 예수님께서 제자들의 개별적 특성을 이해하시고 각자에게 맞는 방식으로 가르치셨듯이, 교사는 학생 개개인의 은사와 소명을 분별하고, 각자의 영적 성장 속도를 존중하며, 하나님을 향한 사랑과 경외심을 일깨우는 역할을 한다.

그러나 현재의 교육 환경은 이러한 기독교 교육의 본질을 실현하기 어렵게 만든다. 대규모 학급과 표준화된 교육과정 속에서 학생들은 하나님과의 인격적 만남과 개별적 성장의 기회를 잃어가고 있다. 더욱이 입시 중심의 교육 현실은 많은 기독교 가정조차 자녀들의 영적 성장보다 세상적 성공을 우선시하게 만들고 있다. 이는 마치 나무의 깊은 뿌리는 무시한 채, 겉으로 보이는 열매만을 강요하는 것과 같다. 결국 뿌리 없는 나무는 첫 번째 강풍에도 쓰러지고 말 것이다.

이러한 도전 속에서 동탄기독학교는 기독교 교육의 본질을 회복하고자 다음과 같은 네 가지 핵심 교육 방침을 실천하고 있다.

첫째, '자기주도적 학습'을 통해 학생들은 스스로 목표를 설정하고 탐구하는 능력을 기른다. 교사는 지식의 일방적 전달자가 아닌, 학생들의 학습 계획 수립부터 실행, 평가에 이르는 전 과정을 세심하게 관찰하고 지도한다. 특히 학습 목표 달성 여부를 점검하고 부진한 영역을 보완하도록 도우며, 영적·지적·정서적 성장을 돕는 조력자 역할을 한다.

둘째, '기독교 세계관 교육'을 실시한다. 성경 암송과 기독교적 토론, 제자 훈련, 예배는 단순한 종교 활동이 아니라 세상을 하나님의 관점에서 바라보는 안목을 기르는 과정이다. 이를 통해 학생들은 모든 지식과 경험을 하나님의 진리 안에서 통합적으로 이해하게 된다. 마치 퍼즐 조각들이 하나씩 맞춰지며 전체 그림이 드러나듯, 파편화된 지식들이 하나님의 진리 안에서 하나로 연결된다. 이러한 과정을 통해 학생들은 역사와 세상의 모든 현상을 하나님 중심에서 해석하고 분별하는 능력을 갖추게 된다.

셋째, '체험적 학습'을 강조한다. 학습은 단순한 지식의 암기를 넘어 실제 삶 속에서 체험되고 적용되어야 한다. 이를 위해 성경적 세계관에 입각한 프로젝트 학습, 자연 탐방, 봉사활동, 협업 활동 등을 통해 배운 내용을 구체적으로 실천해 보게 한다. 이는 마치 씨앗이 뿌리를 내리고 열매를 맺는 과정과 같다. 이러한 체험적 학습을 통해 지식은 단순한 이론이 아닌, 삶을 변화시키는 실천적 지혜가 된다.

넷째, '공동체성 함양'에 힘쓴다. 과학·수학·역사 등 모든 교과 학습이 개인의 성취를 넘어 공동체를 세워가는 데 기여하도록 한다. 우리의 학습은 개인의 성공이 아닌, 하나님 나라의 가치를 실현하는 데 목적이 있다. 하나님께서 각자에게 주신 은사와 지식을 이웃을 섬기는 데 사용함으로써, 우리는 하나님의 사랑을 실천하고 그분의 나라를 확장해 간다.

이러한 교육의 실천은 단순한 교육 체계의 개선이 아닌, 우리 세대에 맡겨진 영적 사명이며 다음 세대를 하나님의 방법으로 양육해야 할 거룩한 책임이다. 동탄기독학교는 이 여정에서 한 명 한 명의 학생이 하나님 안에서 자신의 정체성과 사명을 발견하고, 하나님 나라의 일꾼으로 성장하도록 돕고 있다.

이것이 바로 우리가 추구하는 기독교 교육의 본질이며, 하나님께서 우리에게 맡기신 시대적 사명이다. 기독학교는 단순한 배움의 터전을 넘어 하나님의 사랑과 지혜가 흘러넘치는 생명의 공간이 되어야 한다. 이곳에서 자라난 다음 세대는 하나님의 뜻을 발견하고, 그 뜻을 따라 이 시대를 변화시키는 참된 리더가 될 것이다. 이것이 우리가 꿈꾸는 교육의 열매이며, 하나님의 진리로 교육의 본질을 회복하고자 하는 우리의 거룩한 소명이다. 이 소망이 다음 세대를 향한 우리의 믿음이자 약속이 될 것이다.

다음 세대를 위한
기독교 교육의 필요성

교육 현장에서 가장 자주 받는 질문이 있다.

"왜 일반 학교가 아닌 기독학교여야 하나요?"

이 질문은 단순한 교육 방식의 선택을 넘어, 우리 시대 기독교 교육이 직면한 본질적 과제를 드러낸다. 단순히 종교 교육이나 성경 공부를 위해서라고 대답하기에는, 기독교 교육의 의미는 그보다 훨씬 더 깊고 근본적이다.

한 학부모는 이렇게 물었다.

"주일학교도 열심히 보내고, 가정에서도 예배하며, 성경을 읽히고 있는데, 그것만으로는 부족한가요?"

이에 대한 답은 피겨스케이팅 선수의 예로 설명할 수 있다. 세계적인 선수가 되기 위해서는 일 주일에 한두 번의 훈련만으로는 충분하지 않다. 기본기를 완벽히 습득하기 위해서는 매일 같은 동작을 수백 번 반복하며 자신의 것으로 만들어야 한다. 신앙도 마찬가지다. 주일 예배에서 설교를 듣거나 성경 공부를 하는 것만으로는 부족하다. 들은 말씀과 배운 말씀이 매일의 삶 속에서 훈련되고 실천되어야 한다.

또 다른 학부모는 이런 질문을 했다.

"아이가 일반 학교에 다니면서도 신앙생활을 잘할 수 있지 않을까요?"

물론 일반 학교에서도 신앙생활이 가능하다. 하지만 이는 마치 강물을 거슬러 올라가는 것과 같다. 가능하지만 훨씬 더 많은 노력과 에너지가 필요하다. 특히 현대 사회에서는 더욱 그렇다.

현대 사회는 우리 자녀들에게 끊임없이 하나님의 뜻과 반대되는 가치관을 주입한다. 소셜 미디어는 즉각적인 만족과 인정을 추구하게 하고, 대중문화는 세속적 가치를 심어준다. 학교에서는 성공과 경쟁이 최고의 가치인 것처럼 가르친다. 이런 환경 속에서 주일 하루의 예배와 말씀으로 이 모든 영향을 막아내기는 어렵다. 이는 강한 바람이 부는 들판에서 작은 촛불을 지키려 하는 것과 같다.

이러한 현실은 우리 학교로 전학해 온 한 학생의 이야기에서 잘 드러난다. 이 학생은 일반 학교에서 신앙을 지키려 노력했지만, 점점 더 큰 어려움을 느꼈다고 한다.

"하나님을 믿는다고 하면 왠지 뒤처진 사람처럼 보이는 분위기였어요. 창조론을 믿는다고 했다가 친구들에게 비웃음을 당하기도 했고요. 점점 제 신앙을 숨기게 되었어요."

이러한 상황을 이해하기 위해 초대교회의 역사를 살펴볼 필요가 있다. 안디옥 교회의 성도들은 일 년간의 깊이 있는 훈련을 받은 후에야 '비로소 그리스도인'이라 불렸다. 이는 우리에게 중요한 교훈을 준다. 신앙은 단순한 지식의 습득이나 일회성 결단으로 완성되지 않는다. 꾸준한 훈련과 실천을 통해 전인격적 변화가 일어날 때, 비로소 진정한 그리스도인으로 성장할 수 있다.

어느 날 한 학생이 던진 질문은 기독교 교육의 본질을 다시 생각하게 했다.

"선생님, 왜 과학 시간에도 하나님 이야기를 하나요?"

이 질문에 대한 답은 기독교 교육의 핵심을 보여준다.

"과학이 발견하는 모든 법칙과 원리는 누가 만드신 걸까? 우리가 배우는 모든 것은 결국 창조주 하나님을 더 깊이 알아가는 여정이란다. 과학은 하나님의 창조 질서를, 수학은 그분의 정확하심을, 역사는 그분의 섭리를 보여주는 창이 되는 거야."

이런 설명을 할 때마다 많은 학부모들이 궁금해한다.

"그렇다면 일반 학교의 교육은 모두 잘못된 것인가요?"

절대 그렇지 않다. 일반 교육도 분명 그 나름의 가치와 역할이 있다. 다만 기독교 교육은 여기에 더해 모든 지식과 경험을 하나님 나라의 관점에서 해석하고 적용하는 법을 가르친다. 이는 마치 같은 풍경을 보더라도 더 높은 곳에서 더 넓은 시야로 바라보는 것과 같다. 일반 교육이 '무엇'을 가르친다면, 기독교 교육은 '왜'와 '어떻게'를 더해 준다.

신명기의 말씀은 이러한 교육의 본질을 잘 보여준다. '집에 앉았을 때든지 길을 갈 때든지 누워 있을 때든지 일어날 때든지' 하나님의 말씀이 우리의 일상이 되어야 한다. 이것이 바로 기독교 학교가 추구하는 교육의 모습이다. 삶의 모든 순간이 하나님을 배우고 경험하는 시간이 되는 것이다.

특별히 우리가 사는 시대는 더욱 치열한 영적 전쟁터다. 상대주의와 물질주의가 범람하는 가운데, 우리 자녀들은 매일 수많은 선택의 갈림길에 선다. 이때 필요한 것은 단순한 규칙이나 금지가 아니라, 스스로 옳고 그름을 분별할 수 있는 영적 힘이다. 기독교 교육은 바로 이러한 분별력과 실천력을 키워주는 과정이다.

많은 학생이 이런 고민을 나눈다.

"학원에서 공부하느라 바쁜 친구들에 비해 뒤처지는 것 같아 불안해요."

이런 고민을 나누는 학생들에게 우리는 등산의 비유를 들려준다.

"등산할 때 정상에 가장 잘 오르는 방법이 뭘까? 그저 앞만 보고 달리는 게 아니라, 때로는 지도를 보고 방향을 확인하는 시간도 필요하단다. 우리의 인생도 마찬가지야. 잠시 멈춰 서서 하나님의 뜻을 구하는 시간은,

결코 낭비가 아니란다. 또한 등산의 목적은 먼저 오르는 것이 아니라 정상을 향해 포기하지 않고 끝까지 오르는 것이란다."

이러한 맥락에서 다니엘의 이야기는 우리에게 특별한 통찰을 준다. 그는 바벨론의 모든 지식을 배웠으나, 하나님의 사람으로서의 정체성을 잃지 않았다. 오히려 그의 믿음과 지혜는 이방 나라에서도 빛을 발했다. 우리가 키우고자 하는 것도 바로 이런 인재들이다. 세상의 지식을 배우되 하나님의 지혜로 분별할 줄 알고, 현실을 살되 영원을 바라보며 살 줄 아는 사람들이다.

기독교 교육은 단순히 성경 지식을 가르치는 것에 그치지 않는다. 그것은 삶의 모든 영역에서 하나님의 주권을 인정하고, 그분의 뜻을 따라 살아가는 법을 배우는 전인적 교육이다. 지식과 지혜, 인성과 영성, 재능과 은사가 균형 있게 발달할 때, 우리 자녀들은 진정한 하나님의 사람으로 성장할 수 있다.

'마땅히 행할 길을 아이에게 가르치라'는 잠언 말씀은 우리에게 교육의 본질적 의미를 일깨워준다. 이는 단순히 길을 보여주는 것이 아니라, 그 길을 걸어갈 수 있는 힘과 지혜를 가르치라는 의미다. 기독학교는 바로 이 일을 감당하는 곳이다. 지식만이 아닌 지혜를, 정보만이 아닌 통찰을, 성공만이 아닌 성숙을 추구하며 다음 세대를 준비시킨다.

이러한 관점에서 볼 때, 기독교 교육은 우리 시대의 막중한 사명이다. 세상의 가치가 아닌 하나님의 진리로, 일시적 성공이 아닌 영원한 가치를 추구하며, 개인의 영광이 아닌 하나님의 영광을 위해 살아갈 다음 세대를 키워내는 것. 이것이 바로 우리가 받은 거룩한 부르심이다.

기독교 교육은 성경이 말하는 농부의 일과 같다. 때로는 더딘 것 같고, 때로는 성과가 보이지 않을 때도 있다. 하지만 우리는 믿음으로 씨를 뿌리고 물을 주며, 하나님께서 그 자라남을 책임져 주실 것을 신뢰한다. 우리의 다음 세대가 하나님의 사람으로 자라나는 것, 이것이 바로 기독교 교육이 꿈꾸는 가장 아름다운 열매다.

이제 처음의 질문으로 돌아가 보자.

"왜 기독학교여야 하나요?"

그것은 단순히 더 나은 교육을 위해서가 아니다. 우리가 받은 거룩한 사명이기 때문이다. 하나님께서 아브라함에게 맡기신 그 사명이 오늘 우리에게도 동일하게 주어져 있다. 다음 세대를 하나님의 사람으로 키워내는 일, 이것이 바로 기독교 교육의 본질이며 우리가 꿈꾸는 미래다.

이것은 결코 쉬운 길이 아니다. 때로는 세상의 기준과 다르다는 이유로 오해를 받기도 하고, 당장의 성과가 보이지 않아 조급해질 때도 있다. 하지만 우리는 믿음으로 이 길을 걸어가야 한다. 모세가 바로의 궁전의 영광보다 하나님의 백성과 함께하는 고난을 선택했듯이, 우리도 다음 세대를 위해 이 값진 선택을 해야 할 때다.

이것이 바로 기독 학교가 필요한 이유다. 단순한 교육기관을 넘어, 하나님 나라의 일꾼을 키워내는 거룩한 부르심의 현장으로서, 우리는 이 사명을 감당해야 한다. 우리의 다음 세대가 이 시대의 다니엘과 에스더로 서게 하는 것, 이것이 바로 기독교 교육이 추구하는 궁극적인 목표이며 우리의 꿈이다.

기독교 대안교육기관이란 무엇일까?

"선생님, 우리 아이를 기독대안학교에 보내려고 하는데, 어떤 점들을 고려해야 할까요?"라는 질문을 최근 교육 현장에서 자주 듣는다. 많은 부모가 공교육의 한계를 느끼고 대안교육기관을 찾고 있지만, 단순히 '대안학교'라는 이름만으로는 부족하다. 그렇다면 진정한 기독교 대안교육기관이란 무엇일까?

"공립학교에서도 좋은 교육이 가능한데, 왜 기독교 대안교육이어야 하나요?"라는 질문에 나는 이렇게 답한다.

"건축가가 집을 지을 때 가장 먼저 고려하는 것이 무엇일까요? 바로 기초공사입니다. 아무리 좋은 자재와 디자인을 사용해도, 기초가 흔들리면 그 집은 오래 버티지 못합니다. 교육도 마찬가지입니다. 지식이라는 벽돌을 쌓기 전에, 먼저 믿음이라는 단단한 기초가 필요합니다. 이것이 바로 기독교 대안교육이 일반 교육과 구별되는 가장 근본적인 차이입니다."

기독교 대안교육이란 단순히 공교육에 성경 공부나 예배를 더한 곳이 아니다. 이는 마치 케이크를 만들 때 이미 구워진 케이크 위에 성경 구절을 장식처럼 올리는 것과 같다. 진정한 기독교 교육은 밀가루를 반죽하는 순간부터 모든 재료와 과정에 하나님의 말씀이 녹아있어야 한다.

"선생님, 솔직히 가장 걱정되는 건 대학 입시예요. 기독교 대안교육기관에 보내면 아이가 입시 준비는 제대로 할 수 있을까요?"

이런 걱정을 나누는 학부모들에게 나는 다니엘의 이야기를 들려준다.

"성경에 나오는 다니엘이라는 청년을 아세요? 다니엘은 포로로 끌려간 바벨론에서 최고의 교육을 받았습니다. 그곳에서 그는 바벨론의 모든 학문을 배웠죠. 그러면서도 자신의 신앙은 한 치도 타협하지 않았어요. 그 결과 성경은 다니엘이 바벨론의 모든 박사보다 열 배나 뛰어난 지혜를 보였다고 기록하고 있습니다. 이것이 바로 기독교 교육의 본질입니다. 우리는 세상의 지식을 부정하는 것이 아니라, 그것을 하나님의 관점에서 바라보고 이해하도록 돕는 것입니다."

'교육Educate'의 어원은 라틴어 'educare'에서 비롯되었다. '밖으로'를 의미하는 'e'와 '이끌어내다'를 뜻하는 'ducere'의 합성어이다. 이는 교육의 본질을 잘 보여준다. 교육은 교사가 빈 그릇을 채우기 위해 일방적으로 지식을 주입하는 것이 아니라, 학생 스스로 내면에 이미 심어진 하나님의 형상과 재능을 발견하고 발전시켜 나가는 과정이어야 한다.

그렇다면 진정한 기독교 대안교육기관은 어떤 모습이어야 할까?

첫째, 모든 교육과정이 성경적 세계관 위에 세워져야 한다.

이는 단순히 각 과목에 성경 구절을 인용하거나, 예배와 큐티를 하는 것에 그치는 것이 아니다. 물리학을 통해서는 창조의 질서를, 역사를 통해서는 하나님의 섭리를, 문학을 통해서는 인간의 본질을 발견하도록 돕는 것이다. 모든 지식의 근원이신 하나님을 인정하고, 그분의 관점에서 모든 학문을 바라보고 이해하는 것이어야 한다.

둘째, 학생들의 학습 주체성(주도성)이 보장되어야 한

다.

최근 한 EBS 다큐멘터리는 우리 교육의 현주소를 적나라하게 보여주었다. 좋은 대학 진학을 위해 오히려 학교를 자퇴하는 학생들의 이야기였다. "학교가 오히려 학습을 방해한다"는 그들의 말은 현 교육 시스템의 근본적 한계를 드러낸다. 기독교 대안교육은 각 학생의 고유한 학습 리듬과 관심사를 존중하며, 학생 스스로 학습의 주도적 역할을 할 수 있는 환경을 제공해야 한다.

셋째, 믿음의 실천이 일어나는 공동체가 되어야 한다.

지식으로 배운 것을 삶으로 살아내는 것이 바로 기독교 교육의 핵심이다. 학생들은 봉사활동과 지역사회 프로젝트를 통해 하나님의 사랑을 실천하는 법을 배워야 한다. 이는 우리가 배운 지식이 단순히 이론에 머물지 않게 하기 위함이다. 이러한 활동들은 단순한 봉사활동 시간의 누적이 아닌, 세상을 변화시키는 하나님 나라의 일꾼으로 성장하는 과정이다.

넷째, 교육의 방식이 '티칭Teaching'에서 '코칭Coaching'으로 전환되어야 한다.

교사는 지식을 일방적으로 주입하는 사람이 아니라, 학생들이 스스로 발견하고 성장할 수 있도록 돕는 조력자가 되어야 한다. 이는 마치 정원사가 각각의 꽃이 저마다의 시기에 아름답게 피어날 수 있도록 돕는 것과 같다.

실제로 최근 한 학생과 나눈 대화가 이를 잘 보여준다.

"선생님, 제가 수학은 조금 더 빨리 나가고 싶고, 영어는 좀 더 천천히 공부하고 싶은데 가능할까요?"

공립학교였다면 쉽게 허용되지 않았을 요청이지만, 우리는 이 학생의 개별적인 학습 속도와 방식을 존중했다. 그 결과 그 학생은 자신의 학습에 더 큰 책임감과 자신감을 가지게 되었다.

이것이 바로 진정한 '코칭'이다. 마치 등산 가이드처럼, 교사는 학생이 자신만의 속도로 정상을 향해 올라갈 수 있도록 돕는 역할을 한다. 때로는 쉬어가야 할 때를 알려주고, 때로는 도전해 볼 만한 새로운 길을 제시하지만, 결국 한 걸음 한 걸음 내딛는 것은 학생 자신의 몫이다.

기독교 대안교육은 '어떻게'에 특별한 가치를 둔다. 하나님께서 각 사람에게 주신 고유한 재능과 속도를 존중하며, 그것을 가장 효과적으로 발현시킬 수 있는 환경을 제공하는 것이다. 이는 마치 다양한 악기들이 저마다의 특성을 살려 하나의 아름다운 오케스트라를 이루는 것과같다.

그러므로 기독교 대안교육기관을 선택할 때는 다음과 같은 질문들을 깊이 고려해야 한다:

- 이 학교는 단순히 교과과정에 성경이나 예배 또는 경건의 시간을 덧붙이는 것이 아닌, 모든 교육과정(curriculum)이 성경적 세계관 위에 세워져 있는가?
- 학생들의 개별적인 학습 속도와 방식이 존중되고 있는가?
- 교사들은 지식의 전달자가 아닌, 학생의 성장을 돕는 코치로서의 역할을 하고 있는가?
- 학교의 모든 활동이 궁극적으로 하나님의 영광을 위한 것인가?

결론적으로, 기독교 대안교육기관은 단순한 교육에서의 대안만이 아닌 교육의 본질적 회복을 추구해야 한다. 하나님께서 각 학생에게 심어주신 고유한 재능과 가능성을 발견하고 계발하며, 그것을 하나님의 영광을 위해 사용할 수 있도록 돕는 것. 이것이 바로 진정한 기독교 대안교육기관의 모습이어야 한다.

이러한 기독교 대안교육기관을 운영하는 것은 결코 쉽지 않다. 이는 성경적 세계관에 기초한 교육과정 개발, 학생 개개인의 성장 속도를 존중하는 맞춤형 교육, 교사들의 끊임없는 연구와 헌신이 필요하기 때문이다. 그러나 이는 우리 시대에 반드시 필요한 교육적 도전이다. 획일화된 교육에서 벗어나 각 학생의 고유성을 존중하고, 하나님께서 설계하신 방식대로 그들의 성장을 돕는 것이 바로 기독교 대안교육기관이 추구해야 할 본질적 가치이며 존재 이유이다.

이처럼 우리가 이 도전적인 길을 선택한 것은 다음 세대가 단순히 세상의 인정이 아닌 하나님의 영광을 추구하는 사람들로 자라나길 소망하기 때문이다.

2장
신앙으로 키우는 교육의 원리

노력은 습관을
이기지 못한다

"아빠, 올해는 꼭 공부 열심히 할게요!"

새해가 되면 우리는 늘 이런 다짐을 한다. 특히 학생들은 더 많은 결심을 한다.

"이제부터 수학 문제 매일 50개씩 풀 거예요!"

"수업 시간에 절대 졸지 않을 거예요."

"스마트폰 게임은 하루 30분만 할게요."

하지만 이런 결심들은 대부분 오래가지 못한다. 야식을 끊겠다고 마음먹어도, 맛있는 음식을 보면 "오늘만 먹고 내일부터 시작하자"는 유혹에 쉽게 넘어가곤 한다.

왜 우리의 결심은 이렇게 쉽게 무너지는 걸까?

그것은 우리의 뇌가 익숙한 것을 선호하고 새로운 변화를 불편하게 여기기 때문이다. 그래서 다이어트나 금연 같은 변화는 단순한 결심만으로는 이루기 어렵다. 더구나 이런 결심을 지키려고 너무 열심히 노력하다 보면 오히려 "난 못해", "난 부족해"라는 패배감에 빠지기 쉽다.

하지만 관점을 바꿔보면 어떨까?

담배를 피우는 것도, 술을 마시는 것도, 야식을 먹는 것도 모두 '습관'이라는 사실을 알면 이야기가 달라진다.

웬디 우디는 《해빗Habits》이라는 책에서 우리의 행동 중 약 40~50%는 의식적인 결정이 아닌, 이미 몸에 배어 있는 습관에 의해 이루어진다고 말한다. 아침에 커피를 마시거나, 출근할 때 같은 길을 가는 것처럼 말이다.

나도 이런 경험이 있다. 아내와 새로운 장소로 가려고 할 때, 아내와 한참 이야기를 나누다 보면 무의식적으로 늘 가던 길로 운전하고 있는 내 모습을 발견한 적이 있다. 이처럼 습관은 우리도 모르는 사이에 행동을 지배한다.

이런 습관의 힘을 교육에 활용하면 어떨까?

'공부를 습관으로 만들면 어떨까?'라는 생각에서 우리 학교의 특별한 교육 방식이 시작되었다.

우리는 성경 암송부터 시작했다. 매일 아침 '오프닝 시간'에 한 절의 성경 구절을 함께 읽고 반복했다. 다음 날에는 새로운 구절을 추가하면서 전날 배운 구절도 함께 복습했다. 놀랍게도 학교의 시스템으로 반복을 습관화하니, 시간이 지나면서 학생들은 큰 노력 없이도 성경 구절을 암송할 수 있게 되었다. 한 학기가 끝날 무렵에는 요한복음 한 장을 통째로 외우게 되었다.

이러한 습관의 경험을 통해 학생들은 중요한 깨달음을 얻었다.

"나도 할 수 있구나!"

자신감을 얻은 학생들은 이제 다른 영역에도 도전하고 싶어 했다. 그래서 우리는 독서에도 이러한 시스템을 적용했다. 매일 정해진 시간에 책을 읽는 환경을 조성한 것이다. 혼자서는 지속하기 어려운 일이지만, 학교가 체계적인 환경을 마련하여 습관화를 도와주자 처음에는 어색해하고 힘들어하던 학생들이 점차 책 읽기를 일상으로 받아들이기 시작했다. 이제는 공부하다가 잠시 쉴 때도 자연스럽게 책을 집어 드는 학생들이 늘어났다.

이렇게 독서 습관을 형성할 수 있었던 것은 적절한 환경을 조성했기 때문이다. 습관 형성에서 가장 중요한 것은 바로 환경이다. 의지력만으로는 지속적인 실천에 한계가 있기에, 습관이 자연스럽게 형성될 때까지 우리에게 도움이 되는 환경을 의도적으로 만들어야 한다. 예를 들어, 컴퓨터 게임 시간을 줄이고 싶다면 컴퓨터가 있는 공간을 벗어나 독서나 운동 같은 다른 활동이 가능한 곳으로 이동하는 것이 효과적이다. 공부를 습관화하고 싶다면 도서관이나 스터디 카페 같은 조용한 학습 공간에서 정해진 시간에 규칙적으로 공부하는 것이 도움이 된다.

우리 학교는 이러한 환경 조성의 원리를 교육 전반에 적용하고 있다. 학생들이 공부뿐만 아니라 좋은 습관을 자연스럽게 형성할 수 있도록 다양한 프로그램을 운영하고 있다. 예를 들어, '생활점검표'를 통해 매일 자신의 생활 태도를 점검하면서 학생들은 자기 관리 능력을 기르고 있다. 처음에는 어색해하던 학생들도 이제는 이러한 활동들을 자연스러운 일과로 받아들이고 있다. 그 결과 학생들의 학업 성취도가 향상되었을 뿐만 아니라, 수업 참여도와 과제 제출률도 크게 개선되었다.

이러한 습관 형성을 위해 우리 학교가 수행하는 역할은 크게 두 가지이다.

첫째, 학생들이 좋은 습관을 자연스럽게 형성할 수 있는 환경을 만드는 것이다. 성경 암송, 독서, 생활점검표와 같은 체계적인 프로그램들이 그 예이다.

둘째, 그 환경이 지속적으로 유지되도록 관리하는 것이다.

혼자서 좋은 습관을 만드는 것은 어렵다. 가장 큰 도움이 되는 것은 함께 성장할 친구들과 이를 이끌어주는 선생님들의 존재이다. 함께 목표를 공유하고 실천하는 공동체 환경이 습관 형성에 든든한 버팀목이 되기 때문이다.

습관은 하루아침에 만들어지지 않는다. 좋은 환경을 조성하고, 긍정적인 공동체와 함께하며 꾸준히 반복하는 과정을 통해 점차 형성된다. 그래서 우리 학교는 학생들이 매일의 성경 암송과 독서, 생활 관리를 통해 좋은 습관을 형성하고, 영성과 지성, 인성이 조화롭게 성장하는 참된 그리스도인으로 성장할 수 있도록 돕는 진정한 동반자가 되고자 한다.

교육 패러다임의 변화:
두 날개 교육의 중요성

18년 전, 학교를 처음 시작할 때 많은 학부모님이 이런 질문을 했다.

"어떻게 학년이 다른 학생들이 한 교실에서 같이 공부할 수 있죠?"

"선생님이 가르치지 않으면 어떻게 배울 수 있나요?"

"스스로 공부한다는 게 정말 가능한가요?"

당시 우리 학교는 초등 1, 2학년을 제외하고는 통합 교실로 운영했고, 학년이 아닌 수준별로 학습을 진행했다.

학생들은 "너 몇 학년이야?"라는 질문을 받으면 당황스러워했다.

지금 생각해 봐도 그 시절에는 이런 방식이 매우 낯설었을 것이다.

15년 전, EBS에서는 세계의 혁신적인 학교들을 소개하는 프로그램이 많았다. 하지만 한국 교육이라는 거대한 산을 옮기기에는 그런 노력만으로는 부족했다. 그래서 나는 작은 돌부터 옮기기 위해 동탄기독학교를 시작했다.

내가 꿈꾸던 학교는 특별했다. 학생들이 학습의 주체가 되어 스스로 배우고, 자신의 흥미와 수준에 맞춰 공부할 수 있는 곳을 만들고 싶었다.

현대 교육 현장에서는 전문성을 갖춘 교사들이 체계적으로 수업을 진행하고 있다. 그러나 획일화된 교육과정과 시간표에 따라 모든 학생이 동일한 내용을 같은 속도로 학습해야 하는 현실은, 개개인의 잠재력과 적성을 발견하고 계발하는 데 제약이 되고 있다.

일방적 강의식 수업은 학습 효과 측면에서도 한계를 보인다. 수업 내용이 자신의 수준보다 쉬운 학생들은 흥미를 잃어 집중력이 저하되고, 반대로 어려움을 느끼는 학생들은 좌절감으로 인해 학습 의욕이 감소할 수 있다. 이러한 환경에서 학생들은 비판적 사고력이나 창의성을 키우기보다는, 시험 대비를 위한 암기식 학습에 치중하게 된다.

그러나 암기식 학습 자체를 부정적으로 볼 필요는 없다. 역사적으로 학습법의 두 가지 주요 흐름을 살펴보면, 하나는 유대교의 토론 중심 학습법이고, 다른 하나는 인도의 암기 중심 학습법이다. 유대인들은 성경을 탈무드 방식으로 토론하며 학습했고, 인도에서는 불경을 암기하는 방식으로 전수했다. 오늘날 일부에서는 암기식 학습을 배제하고 토론식 학습만을 강조하는 경향이 있으나, 이는 균형 잡힌 시각이 아니다.

교육의 핵심은 암기와 토론, 두 가지 학습 방식의 조화로운 균형에 있다. 각각의 장점을 살리면서 상호 보완적으로 활용할 때, 보다 효과적인 학습이 이루어질 수 있다.

또 하나 교육의 문제는 입시 위주의 학습이다. 그러나 대학 진학을 위해서는 입시를 위한 학습을 하지 않을 수 없다. 학교가 IQ에 의한 지식 전달과 성적 위주의 상급학교 진학만을 위한 교육을 하고 있는 것이 문제이다.

뇌과학에 의하면 인간은 지식을 저장하는 해마와 감정을 저장하는 편도라는 두 저장 기관을 가지고 있다. 그러나 감정에 따른 계획과 결정을 할 때 기분이 좋아지는 사람은 좀 더 폭 넓고 긍정적이고 감각적으로 사고하려는 경향을 지니게 된다고 대니얼 골만은 《EQ 감성지능》에서 말한다. 결국 감성 지능이 좋아야 인간관계를 잘할 수 있고 감성 지능이 좋아야 학습도 잘할 수 있다는 것이다.

따라서 학교가 IQ에 의지한 지식만을 전달하고 평가하는 대학 입시 위주의 학습이 문제라는 것이다. 학교가 두 날개가 되기 위해서는 다른 날개 즉 정서지능을 훈련하여 자신의 감정을 통제하는 감성 기술을 배워야 한다. 자기를 인식함과 동시에 다른 이들과도 올바른 인간관계를 형성하여, 자신을 더 매력적으로 관리하고 훈련할 수 있는 교육이 더해져야 한다.

앞에서 언급한 교육의 문제점을 보완하여 우리 학교의 학습 방법을 다음과 같이 구성하였다.

첫째, 개별형 맞춤학습이다. 우리 학교에서는 학생들의 개별적인 학습 진도를 위해 학년별 획일적 진도를 강요하지 않는다. 대신 학생들이 스스로 학습 목표를 정하고 계획을 세우며, 학습 과정과 속도를 조절하게 한다.

이러한 변화를 위해 교사는 학생들에게 다음과 같이 말한다.

"앞으로는 '안 배웠어요'라고 하지 말고, '아직 학습하지 않았어요'라고 말하세요."

작은 언어의 변화는 학생들의 마음가짐을 완전히 바꾸어 놓았다. 배움의 책임이 교사에서 학생으로 옮겨진 것이다.

둘째, 메타인지 학습이다. 이 학습의 핵심은 '내가 무엇을 알고 있으며, 무엇을 모르는가?'를 파악하는 것이다. 새 학년이 되었다고 해서 무조건 교과서를 처음부터 끝까지 학습하지 않는다. 자신이 이미 알고 있는 부분은 건너뛰고, 모르는 부분을 중점적으로 학습하도록 한다.

셋째, 감성 계발을 위한 자기 성찰 학습이다. 학생들은 매일 일기나 저널을 기록하고, '생활 점검표'를 작성한다. 이는 단순한 체크리스트가 아닌, 하루를 돌아보며 자신을 평가하고 성찰하는 시간이다. 이를 통해 학생들은 자신의 성장을 돌아보고 개선점을 찾아낸다.

넷째, 협동 학습이다. 최근 진행한 제주도 현장학습은 협동 학습의 좋은 사례이다. 팀별로 가고 싶은 장소를 조사하고 발표한 후, 직접 그곳을 방문하도록 했다. 또한 과학 실험에서도 학년 구분 없이 팀을 구성하여 실험을 진행하고, 그 결과를 발표하게 했다. 이러한 협동 학습을 통해 학생들은 협력과 의사소통의 중요성을 체득하게 되었다.

다섯째, 다양한 평가 방법의 도입이다. 우리 학교는 시험을 평가 도구가 아닌, 배움을 완성하는 과정으로 활용한다. 모든 시험은 학습을 성적으로 서열화하는 것이 아닌, 학생들이 알고 있는 것들을 인출하도록 하는 데 목적이 있다. 따라서 이러한 평가는 학생이 학습한 내용을 완전히 숙지할 때까지 여러 차례 반복하여 90% 이상의 이해도를 달성할 때까지 진행한다.

여섯째, 미래를 준비하는 교육이다. 최근 인공지능의 발전은 교육계에 큰 변화를 가져왔다. 이제는 단순한 코딩 교육을 넘어, 기술을 활용한 창의적 문제 해결 능력을 키우는 교육이 중요해졌다. 우리는 이러한 변화에 맞추어 학생들이 AI를 도구로 활용하면서도, 그것을 넘어서는 인간 고유의 능력을 개발할 수 있도록 준비하는 교육을 실시한다.

이처럼 동탄기독학교는 IQ와 EQ의 균형, 암기와 토론의 조화, 그리고 개별화된 학습 방식의 도입을 통해 새로운 교육의 변화를 실현하고 있다. 단순한 지식 전달과 입시 위주만의 교육에서 벗어나, 자기 주도적 학습 능력과 정서 지능의 계발, 협동 학습을 통한 소통 능력, 그리고 미래 사회에 필요한 창의적 문제 해결 능력을 키우는 방향으로 나아가고 있다. 이러한 동탄기독학교의 교육은 단순한 지식 전달을 넘어, 지성과 인성이 조화롭게 성장하는 전인적 교육의 새로운 모델을 제시하고 있다.

환경 설정이 최우선이다

대학 1학년 시절, 동아리에서 만난 한 선배가 내게 이런 말을 했다.

"네가 대학을 졸업할 때 후회할 일이 두 가지 있을 거야. 하나는 대학 생활 동안 열심히 놀지 못한 것이고, 다른 하나는 열심히 공부하지 못한 것이야. 이 둘 중 하나를 지금 선택한다면 무엇을 선택하겠니?"

나는 곰곰이 생각한 끝에 '열심히 놀지 못한 것을 후회하자'고 결심했다. 하지만 공부를 소홀히 한 것을 나중에 후회하지 않으려면 어떻게 효율적으로 공부할 수 있을지가 고민이었다. 그래서 혼자 공부하는 대신 스터디 그룹을 만들었고, 도서관 문이 열리면 제일 먼저 들어가 문을 닫을 때까지 머물며 공부했다. 이렇게 꾸준히 공부할 수 있는 환경을 만들어갔다.

학교 축제 기간에 캠퍼스를 둘러보면 두 가지 모습이 공존했다. 한쪽에서는 축제를 즐기는 학생들이 있었고, 다른 쪽에서는 도서관에서 묵묵히 공부하는 학생들이 있었다.

같은 시간, 다른 선택.

하지만 나는 이 두 가지 모습 속에서 중요한 것을 깨달았다. 우리가 스스로 만드는 환경이 우리의 선택을 이끌고, 그 선택들이 모여 우리의 미래를 만든다는 것을.

맹모삼천지교는 단순한 옛 격언이 아니다. 맹자의 어머니가 아들의 교육을 위해 세 번이나 이사를 했다는 이 고사는, 환경이 사람을 만든다는 깊은 진리를 담고 있다. 마치 영어를 잘하기 위해서는 영어권 국가에 가야 하듯, 우리가 원하는 사람이 되기 위해서는 그에 맞는 환경에 자신을 둬야 한다.

성경에서도 환경의 중요성을 강조한다. 하나님께서 이스라엘 백성에게 가나안의 이방 민족을 쫓아내라고 하신 것은 단순히 땅을 차지하라는 명령이 아니었다. 이는 그들이 이방 문화에 물들지 않고 하나님의 백성으로 올바르게 살아가기 위한 환경을 만들라는 뜻이었다.

오늘날 우리 아이들이 직면한 가장 큰 환경적 도전은 스마트폰이다. 뇌과학 연구에 따르면, 어린 나이에 과도한 영상 매체에 노출되면 전두엽 발달이 늦어져 ADHD 증상이 나타나거나 감정 조절에 어려움을 겪을 수 있다고 한다. 그러나 이미 스마트폰에 익숙해진 아이들에게서 이를 떼어내는 것은 절대 쉽지 않다.

하지만 적절한 환경만 주어진다면 변화는 가능하다. 우리 학교의 한 학생은 전학해 오기 전까지 하루 대부분을 스마트폰을 보며 보냈다. 부모님이 스마트폰 사용을 제한하려 했지만, 주변의 모든 친구가 스마트폰을 사용하는 환경에서는 실천이 불가능했다. 그러나 우리 학교에 온 후 이 학생은 달라졌다. 모든 학생이 함께 스마트폰 없는 생활을 하다 보니, 오히려 더 자유로워진 것이다.

"처음에는 불안했어요. 하지만 이제는 오히려 편해요. 친구들과 직접 이야기하고 놀면서 더 재미있게 지내고 있거든요."

이 학생의 말처럼, 환경이 바뀌자 행동이 바뀌고, 행동이 바뀌자 생각이 바뀌었다.

이처럼 환경의 변화는 개인의 행동과 생각을 바꿀 수 있다. 스마트폰이 없는 환경에서 자라나는 우리 학생들의 가장 큰 변화는 놀이 문화에서 나타난다. 쉬는 시간이면 학생들은 공을 가지고 놀거나, 탁구, 배드민턴, 피구 등 다양한 운동을 즐긴다. 그뿐만 아니라 '팔방', '무궁화 꽃이 피었습니다'와 같은 우리의 전통 놀이도 함께 즐기며 살아가고 있다.

환경의 중요성은 바로 여기에 있다. 환경이 우리의 선택을 만들고, 그 선택이 우리의 미래를 만들기 때문이다. 그래서 나는 지금도 새로운 목표가 생기면 가장 먼저 그에 맞는 환경을 만든다.

여기에서 우리는 중요한 교훈을 얻을 수 있다. 아이의 태도를 바꾸고 싶다면 끊임없이 잔소리를 하거나 변화를 강요할 것이 아니라, 아이를 둘러싼 환경을 바꿔주는 것이 더 효과적이라는 것이다. 환경이 바뀌면 자연스럽게 행동이 바뀌고, 그 행동은 곧 생각의 변화로 이어지기 때문이다.

이는 가족 문화에서도 마찬가지다. 유대인 공동체를 보면 세대 차이가 거의 없다. 할아버지, 아버지, 자녀 세대가 같은 문화를 공유하며 살아가기 때문이다. '코셔' 음식을 함께 먹고, 같은 전통을 따르며 하나의 공동체로 살아간다. 반면 우리는 어떠한가? 세대마다 다른 문화, 다른 가치관을 가지고 있어서 한 식탁에 모이기도 어려운 실정이다. 심지어 한 식당에 가서 음식을 고르는 것조차 쉽지 않아 뷔페나 푸드코트를 선택하게 된다.

그러므로 우리 가정이 하나 된 모습을 보이길 원한다면, 유대인 공동체처럼 같은 문화와 환경을 공유하는 것부터 시작해야 한다.

이런 맥락에서 기독교 대안학교의 역할이 중요하다. 우리 학교는 다음과 같은 환경을 조성하고 있다:

- 스마트폰과 TV가 없는 건강한 환경에서 아이들이 서로 직접 소통하고 관계를 맺는다
- 자기주도학습이 가능한 학습 환경을 통해 스스로 공부하는 습관을 기른다
- 하나님을 예배하는 영적 환경 속에서 신앙이 자라난다
- 기독교 세계관을 배우는 교육 환경에서 올바른 가치관을

형성한다

- 세대를 아우르는 공동체 환경을 통해 상호 존중의 문화를 배운다

한 학부모는 이렇게 말했다.

"처음에는 너무 엄격하다고 생각했어요. 하지만 이제는 압니다. 이런 환경이 아이를 지키는 보호막이 된다는 것을요."

환경을 바꾸는 것은 쉽지 않다. 하지만 그 결과는 우리의 노력을 훨씬 뛰어넘는 열매로 돌아올 것이다. 올바른 환경에서 우리 아이들은 진정한 '약속의 자녀'로 자라날 것이다. 이것이 우리가 환경 조성을 최우선으로 삼는 이유이다.

암기력의 힘:
공부를 더 재미있고 효과적으로

우리는 보통 공부하면 힘들고 지루한 것을 떠올린다. 하지만 실제로 공부는 마치 정원을 가꾸는 것과 같다. 작은 씨앗을 심고 물을 주며 키우듯, 우리는 공부를 통해 자신의 가능성을 발견하고 키워간다.

새로운 언어를 배울 때를 생각해 보자. 단순히 단어를 외우는 것이 아니라, 그 언어가 담고 있는 문화를 이해하고 새로운 사람들과 소통하는 문을 여는 것이다. 이런 모든 학습의 중심에는 '암기력'이 있다. 좋은 암기력을 갖추면 공부가 한결 쉽고 재미있어질 수 있다.

많은 학생이 "난 암기력이 부족해"라고 말한다. 또 어떤 친구들은 "쟤는 머리가 좋아서 잘 외우는 거야"라고 생각한다. 하지만 이것은 사실이 아니다. 암기력은 마치 근육처럼 훈련을 통해 누구나 키울 수 있다.

실제로 우리 학교의 한 학생 이야기를 들려주고 싶다. 민지(가명)는 처음 전학해 왔을 때 "저는 아무리 외워도 금방 잊어버려요"라고 했다. 하지만 체계적인 암기 훈련을 시작한 지 한 달 만에 놀라운 변화가 일어났다. 이제는 성경구절은 물론, 영어단어와 한자도 쉽게 암기한다. 우리 동탄기독학교는 이처럼 학생들이 자연스럽게 암기력을 키울 수 있는 특별한 환경을 만들었다.

암기법은 단순히 외우는 것 이상의 의미가 있다. 연구 결과를 보면, 이미지를 활용한 암기를 할 때 기억력이 30% 이상 좋아진다고 한다. 특히 많은 내용을 공부해야 하는 학생들에게는 정말 도움이 된다. 우리 학교에서는 이런 방법들을 통해 학생들이 스트레스받지 않고 즐겁게 공부할 수 있도록 돕고 있다.

재미있는 점은, 암기법을 제대로 배우고 나면 공부가 더 이상 힘든 일이 아니라는 것이다. 오히려 새로운 것을 알아가는 즐거운 여정이 된다. 게다가 암기력이 좋아지면서 문제를 해결하는 능력이나 창의력도 함께 자라난다.

이제 우리 학교에서 사용하는 효과가 입증된 암기법들을 소개하려고 한다.

- **좌뇌와 우뇌를 함께 쓰는 방법**

우리 뇌는 재미있게도 왼쪽과 오른쪽이 하는 일이 다르다. 왼쪽 뇌는 글자나 숫자 같은 것들을 차근차근 정리하기를 좋아하고, 오른쪽 뇌는 그림이나 음악처럼 감성적인 것들을 잘 다룬다. 이 둘을 함께 사용하면 기억력이 놀랍게 좋아진다.

예를 들어, 우리 학교 학생들은 성경을 암송할 때 재미있는 방법을 사용한다. 성경 구절을 단순히 읽고 외우는 대신, 그 내용을 떠올리며 간단한 율동을 만들어본다. '태초에 하나님이 천지를 창조하시니라'를 외울 때는 하늘과 땅을 가리키는 동작을 함께한다. 이렇게 하면 말씀의 내용(좌뇌)과 동작(우뇌)이 하나로 연결되어 훨씬 오래 기억할 수 있다.

또 다른 재미있는 방법은 '기억의 궁전'이라는 것이다. 자신의 방이나 집을 머릿속에 그리고, 거기에 기억하고 싶은 내용들을 물건처럼 배치하는 거다. 역사의 인물을 외운다고 생각해보자. 내 방에 있는 물건들에 그 인물을 하나씩 배치하는 식이다. 이렇게 하면 평소 익숙한 공간과 학습 내용이 자연스럽게 연결되어 기억하기가 훨씬 쉬워진다.

- **조금씩 쌓아가는 누적 암기법**

등산을 할 때 한 번에 정상까지 달려가면 힘들지만 중간중간 쉬어가며 올라가면 어렵지 않은 것처럼, 암기도 마찬가지다. 우리는 이것을 '누적 암기법'이라고 부른다.

요한복음 3장을 한 번에 외우려고 하면 정말 어렵다. 하지만 하루에 한 구절씩 외우고, 다음 날은 새로운 구절을 외우기 전에 어제 배운 것을 먼저 복습하는 식으로 하면 어떨까? 마치 눈덩이를 굴리듯 조금씩 내용을 쌓아가는 거다. 이렇게 하면 어느새 전체 내용을 술술 외울 수 있게 된다. 실제로 한 학기 동안 이런 방식으로 학습한 결과, 우리 학생들은 요한복음 한 장을 완벽하게 암송할 수 있게 되었다.

영어 단어도 같은 방식으로 공부한다. 하루에 열 개씩 새로운 단어를 배우되, 전에 배운 단어도 함께 복습한다. 처음에는 시간이 더 걸리겠지만, 이렇게 하면 한 번 외운 단어는 정말 오래 기억할 수 있다.

- **잊지 않는 비결, 반복 학습**

 독일의 심리학자 헤르만 에빙하우스가 재미있는 실험을 했다. 사람들이 새로운 것을 배운 뒤 얼마나 빨리 잊어버리는지를 연구했는데, 그 결과가 놀랍다. 20분 만에 배운 것의 40% 이상을 잊어버리고, 하루가 지나면 70%가 가물가물해진다고 한다. 우리의 뇌가 새로운 정보를 이렇게 빨리 흘려보내 버린다니, 조금 충격적이지 않은가?

 하지만 걱정하지 않아도 된다. 이런 '자주 잊기'를 막을 수 있는 좋은 방법이 있다. 그것은 적절한 간격을 두고 반복하는 것이다. 새로 배운 내용은 그날 한 번 더 복습하고, 다음 날 다시 한번, 일주일 후에 또 한 번, 이렇게 점진적으로 간격을 늘려가며 복습한다. 이는 마치 어린 식물에 물을 주는 것과 같다. 처음에는 자주 물을 주다가 뿌리가 깊어질수록 간격을 늘리는 것처럼, 학습한 내용도 같은 방식으로 기억 속에 단단히 자리 잡게 된다.

 우리 학교의 영어 수업에서 이런 변화가 있었다. 예전에는 단어를 외우고 시험을 보면 대부분 금방 잊어버렸지만, 간격 반복 학습을 도입한 후에는 한 번 외운 단어를 몇 달이 지나도 기억하는 학생들이 많아졌다.

"이제 영어단어를 외우는 것이 어렵지 않아요. 매일 조금씩 복습하다 보니 자연스럽게 외워지더라고요."

한 학생의 이 말처럼, 올바른 방법으로 접근하면 암기는 더 이상 두려운 대상이 아니다.

하지만 이러한 반복 학습을 학생 혼자서 실천하기는 쉽지 않다. 또한 암기법을 아는 것만으로도 부족하다. 아무리 좋은 방법을 알아도 실제로 써먹지 않으면 소용없지 않은가? 특히 선생님 강의만 듣다 보면 이런 방법들을 실천하기가 더 쉽지 않다. 그래서 우리 학교는 이런 효과적인 반복 학습이 자연스럽게 이루어지도록 교육 시스템을 설계했다.

우리는 교육과정 안에 특별한 '코칭 학습' 방식을 만들었다. 우리 학생들은 그저 앉아서 강의를 듣기만 하지 않는다. 스스로 계획을 세우고, 자기만의 속도로 공부해 나간다. 학교는 이런 과정이 자연스럽게 이뤄지도록 여러 가지 장치를 마련했다. 예를 들어 영어단어나 성경 구절을 외울 때, 한 번 시험 보고 끝내는 게 아니라 매일매일 조금씩 평가한다. 이렇게 하면 학생들이 자연스럽게 복습하는 습관을 기르게 된다.

재미있는 점은, 이런 시스템 덕분에 학생들이 자기 스스로 복습하기 위해 특별히 노력하지 않아도 학교의 도움으로 쉽게 복습할 수 있게 된다는 거다. 오늘 배운 영어단어가 내일, 모레, 다음 주에도 조금씩 시험에 나오니까 자연스럽게 장기 기억으로 바뀌는 것이다. 성경 말씀이나 한자를 외울 때도 같은 방식을 사용한다.

우리 학교는 단순히 "이렇게 외우세요"라고 말하는 데 그치지 않는다. 학생들이 자연스럽게 좋은 암기 습관을 들일 수 있는 환경을 만드는 것, 그것이 우리가 추구하는 교육 방식이다. 이런 환경에서 학생들은 공부가 부담스럽지 않고, 오히려 매일매일 조금씩 성장하는 기쁨을 느낄 수 있다. "못해요"라고 말하던 아이들이 "해볼게요"라고 말하게 되는 변화, 이것이 바로 우리가 추구하는 교육의 모습이다.

공부는 스포츠가 아니다
(경쟁이 아닌 협동)

"누가 1등 했어?"

"이번에는 몇 등이야?"

학교에서 가장 많이 듣는 말일 것이다. 잠시 생각해 보자. 공부가 정말 순위를 매기는 스포츠일까? 아니면 등급을 매기는 소고기일까?

많은 학교가 여전히 경쟁을 통해 학생들의 학습 동기를 높이려 한다. 하지만 이런 방식이 과연 효과가 있을까? 오히려 학생들의 성장을 방해하는 것은 아닐까?

우리 학교에 전학해 온 한 학생은 이전 학교에서 매일 이런 생각을 했다고 한다.

"난 바보인가 봐. 아무리 노력해도 성적이 오르지 않아."

"시험 볼 때마다 너무 긴장돼서 아는 것도 잊어버려."

연구에 따르면, 경쟁이 심한 환경에서 자란 학생들은 그렇지 않은 학생들보다 훨씬 더 많은 스트레스를 받는다. 더 놀라운 점은 이런 스트레스가 오히려 학습 능력을 떨어뜨린다는 것이다.

반면 우리 학교 자기주도학습관에서는 매일 이런 모습을 볼 수 있다.

"하은아, 이 수학 문제 어떻게 푸는 거야?"

"이렇게 하면 돼. 내가 도와줄게!"

서로 돕고 배우는 과정에서 가르치는 학생도, 배우는 학생도 모두 성장한다. 가르치는 학생은 자신의 지식을 설명하면서 개념을 더 깊이 이해하게 되고, 배우는 학생은 친구에게 배우면서 더 편안하게 이해할 수 있다.

경쟁이 없는 환경의 가장 큰 장점은 실수를 두려워하지 않게 된다는 것이다. 실수는 학습의 자연스러운 과정이며, 오히려 더 나은 이해로 이어지는 디딤돌이 된다.

우리 학교의 평가 방식은 특별하다. 학생마다 다른 시험지로 평가하는데, 이는 같은 학년이라도 획일화된 시험이 아닌 개별 학생의 학습 성과를 측정하기 위해서다. 이러한 평가의 핵심은 학생들 간의 상대적인 성적 비교가 아닌, 각 학생의 개인적 성장을 측정하는 데 있다. 예를 들어, 90점을 받은 학생보다 60점에서 75점으로 성적을 향상한 학생을 더 높이 평가한다. 이는 모든 학생의 성장 속도와 시작점이 다르다는 교육적 철학을 반영한 것이다.

매일 보는 단어시험도 마찬가지다. 학생들은 서로의 점수를 비교하지 않고, 대신 자신의 이전 성적과 비교하며 꾸준히 발전한다.

한 학생은 이렇게 말했다.

"예전에는 시험이 너무 무서웠다. 하지만 지금은 달라졌다. 시험이 그저 내가 얼마나 알고 있는지, 얼마나 더 성장했는지 확인하는 도구가 되었기 때문이다."

아이들의 이야기를 들어보면 정말 흥미롭다.

"나는 그림 그리는 게 제일 좋아."
"난 수학 문제 푸는 게 재미있어."
"난 친구들과 노는 게 가장 신나."

저마다 좋아하는 것도, 잘하는 것도 다르다. 모든 학생을 시험 점수로만 평가한다면 어떻게 될까? 그림을 잘 그리는 아이의 재능은, 친구들을 잘 돕는 아이의 따뜻한 마음은 어떻게 될까? 이런 소중한 개성들이 모두 사라지지 않을까?

이러한 우려는 결코 막연한 걱정이 아니다. 우리 학교의 지수(가명) 이야기를 들려주고 싶다.

지수는 학업 성적은 높지 않았지만, 책을 읽고 철학적으로 사고하는 능력이 뛰어났다. 하브루타 시간의 토론 과정에서 지수의 독특한 관점 덕분에 매우 의미 있는 수업이 이루어졌다. 이처럼 획일화된 평가로는 발견할 수 없는 학생들의 잠재력이 우리 주변에 많다.

그렇다면 앞으로의 세상은 어떨까? 인공지능이 발전하는 시대에 단순히 시험 문제를 잘 푸는 능력만으로는 부족할 것이다. 창의적으로 생각하고, 다른 사람과 협력하며, 새로운 문제를 해결하고, AI를 활용하는 능력이 더욱 중요해질 것이다. 우리 학교는 이미 이러한 변화를 실천하고 있다.

매일 우리 학교의 교실은 이런 대화로 가득하다.

"이 부분 이해가 안 돼."

"여기 해석 좀 도와줘."

"네가 그렇게 설명하니까 더 잘 이해되네!"

이렇게 서로 배우고 가르치는 과정에서 학생들은 자연스럽게 성장한다. 결국 공부는 순위를 매기는 경주가 아니다. 더 나은 사람이 되어가는 여정이며, 누군가를 이기기 위한 것이 아닌 어제의 나보다 더 성장하기 위한 것이다. 이런 교육이 미래를 이끌어갈 따뜻한 마음과 창의적인 생각을 가진 인재를 키워낼 것이다.

신앙생활은
훈련이 필요하다

TV에서 연예인들이 운동하는 모습을 보며 '저렇게 하면 날씬해지겠지'라고 생각만 하는 사람이 몸매가 좋아질 수 있을까? 또는 다이어트 프로그램을 보면서 이상적인 체형을 꿈꾸지만, 소파에 앉아 과자만 먹고 있는 사람이 과연 변화를 이룰 수 있을까?

답은 분명하다. 실천 없는 지식은 아무런 변화도 만들어 낼 수 없다.

이는 우리의 신앙생활과도 매우 닮아있다. 단순히 예배를 드리고 설교를 듣기만 한다고 해서 좋은 그리스도인이 될 수는 없다. 많은 사람이 '교회에 다니니까 그리스도인이에요' 혹은 '주일 예배만 잘 드리면 되는 것 아닌가요?'라고 말한다.

그러나 예수님의 말씀은 분명했다.

'너희가 나를 사랑하면 나의 계명을 지키리라'
(요 14:15)

'나의 계명을 지키는 자라야 나를 사랑하는 자니'
(요 14:21)

예수님은 우리에게 단순히 '믿는다'는 말을 넘어 그 믿음을 실천하라고 가르치신다. 마치 운동 선수가 매일 훈련해야 하듯, 우리의 신앙도 날마다의 실천이 필요한 것이다.

성경은 '행함이 없는 믿음은 그 자체가 죽은 것'이라고 말씀한다(약2:17). 그러나 많은 이들은 '주일 예배 참석만으로도 충분하지 않나요?', '바쁜데 더 많은 시간을 어떻게 내죠?'라고 묻는다.

사도행전 11:26에는 '만나매 안디옥에 데리고 와서 둘이 교회에 일 년간 모여 있어 큰 무리를 가르쳤고 제자들이 안디옥에서 비로소 그리스도인이라 일컬음을 받게 되었더라'고 기록되어 있다. 여기서 주목할 점은 그들이 그리스도인이라 일컬음을 받기까지 일 년이라는 시간이 걸렸다는 것이다.

이는 그들이 구원받는 데 일 년이 걸렸다는 의미가 아니라, 진정한 그리스도인다운 모습으로 성장하는 데 그만한 시간이 필요했다는 것을 보여준다. 즉, 예수를 믿고 구원받는 것과 그리스도인다운 삶을 사는 것은 분명한 차이가 있음을 말씀하고 있는 것이다.

'교회에 일 년간 모여 있어'라는 표현은 바나바와 바울이 단순히 몇 번 방문하여 설교한 것이 아니라, 일 년이라는 시간을 들여 체계적으로 성도들을 가르쳤다는 의미이다. 이는 초대 교회에서 신앙 교육이 단기간의 배움이 아닌 지속적인 훈련과 양육의 과정이었음을 보여준다.

'모여 있었다'는 것은 단순한 만남이 아닌 공동체를 형성하고 함께 생활하며 신앙을 나누었다는 것이다. 이는 주일에 한 번 모이는 형태가 아니라, 바울과 바나바가 신자들과 긴밀하게 교제하며 실제적인 삶 속에서 신앙을 훈련하고 적용하도록 도왔음을 의미한다.

만약 안디옥 교인들이 매일 모였다면 365일의 훈련을 받은 셈이다. 반면 우리가 일주일에 한 번, 한 시간씩만 모인다면 같은 시간을 채우는 데 7년이 걸린다. 만일 안디옥 교인들이 하루 두 시간씩 모였다면 이를 따라하기 위해서는 14년으로 늘어나게 된다.

이처럼 진정한 그리스도인이 되기 위해서는 꾸준한 헌신과 훈련이 필요하다. 마치 운동선수가 짧은 시간에 좋은 결과를 얻을 수 없듯이, 우리의 신앙도 시간과 노력을 요구하는 영적 훈련인 것이다.

이러한 신앙 훈련의 중요성은 오늘날 유대인들의 신앙 교육에서도 잘 나타난다. 유대인들은 매일 성경을 공부하며, 자신들의 정체성과 믿음을 지키기 위해 노력한다. 특히 절기와 같은 특별한 날들을 통해 자연스럽게 신앙을 전수하는 방식이 인상적이다.

예를 들어, 유월절이 되면 아이들은 자연스럽게 묻는다.

"아빠, 우리는 왜 이 음식을 먹어요?"
"오늘은 왜 이렇게 특별한 날이에요?"

유대인들에게 절기는 단순한 행사가 아니라 아이들의 자연스러운 질문으로 시작되는 신앙교육의 시간이다. 마치 우리가 설날에 떡국을 먹으며 전통을 배우듯, 그들은 이런 실천적 절기를 통해 자녀들에게 신앙을 전수한다.

그러나 오늘날 많은 크리스천 가정의 모습은 이와 다르다. '아빠는 돈 벌어오고, 엄마는 공부가르치고…', '신앙은 교회 가서 배우면 되잖아요?'라는 생각이 지배적이다. 특히 맞벌이 가정이 늘어나면서 아이들은 조부모님이나 다른 분들 손에 자라는 경우가 많아졌고, 이로 인해 부모로부터 신앙을 배울 기회는 더욱 줄어들고 있다.

더욱이 우리 아이들은 하루 중 가장 많은 시간을 학교에서 보내고 있다. 친구들과 어울리며 가치관을 형성하는 이 중요한 시기에, 신앙적 가치를 나누기 어려운 공교육 환경에 있다는 것이 우리의 고민이다.

주목해야 할 것은 이러한 현실의 불균형이다. 일주일에 1~2시간의 교회 교육과 매일 7~8시간씩 이루어지는 학교 교육, 이 시간적 차이가 우리 자녀들의 가치관 형성에 어떤 영향을 미칠지 깊이 생각해 볼 필요가 있다.

이러한 현실 속에서 우리는 기독교 학교의 필요성을 진지하게 생각해 볼 필요가 있다.

한 전학생의 경험이 이를 잘 보여준다.

"전 학교에서는 힘들 때 기도할 수도 없었어요. 하나님 이야기를 꺼내면 친구들이 이상하게 봤거든요. 그런데 여기서는 달라요. 함께 기도하고, 고민도 나눌 수 있어서 좋아요."

신앙은 삶의 일부가 아니라 전부가 되어야 한다. 수학을 배우면서도, 과학을 배우면서도, 친구들과 어울리면서도 하나님의 관점에서 세상을 바라보는 법을 배워야 한다. 이것이 바로 기독교 학교가 필요한 이유이다.

TV로 운동 프로그램만 보고 있다고 해서 운동선수가 될 수 없듯이, 예배만 드린다고 해서 진정한 그리스도인이 되기는 어렵다. 신앙은 매일의 훈련이 필요하다.

오늘날 우리 자녀들은 학교에서 많은 시간을 보내지만, 그곳에서 신앙적 가치를 나누고 매일의 신앙을 훈련하기 어려운 것이 현실이다. 따라서 이제는 우리가 적극적으로 나서서 기독교 학교를 세워야 할 때이다.

이제 우리 함께 시작해 보자. 작은 것부터, 오늘부터, 우리 가정에서부터. 가정과 학교, 교회가 함께 힘을 모은다면, 우리 자녀들은 분명 믿음 안에서 더욱 굳건히 자랄 수 있을 것이다.

우리 학교에 입학하려면
TV와 스마트폰을 버리세요

"선생님, 정말 TV와 스마트폰을 완전히 없애야 하나요?"

입학 상담을 하면서 가장 자주 듣는 질문이다. 21세기를 살아가는 우리에게는 이런 제안이 너무나 비현실적으로 들릴 수 있다. 하지만 이것은 단순히 몇 가지 기기를 치우라는 말이 아니다. 우리 아이들의 잠재력을 깨우고, 창의적인 삶의 주체로 성장시키기 위한 교육적 결단이다.

이러한 결단의 필요성을 이해하기 위해, 최근 한 학부모님과 나눈 대화를 들려주고 싶다.

"아이들이 심심해하면 어떡하나요?"

"심심함이 나쁜 것일까요? 오히려 그것은 창의성의 씨앗이 될 수 있습니다."

실제로 우리 학교의 한 가정 사례가 이를 잘 보여준다. 처음에는 TV와 스마트폰 없이 어떻게 시간을 보낼지 막막해했던 그 가정의 아이들은, 놀라운 변화를 경험했다. TV와 스마트폰이 있던 자리에 책이 들어왔고, 침묵을 채우던 미디어 소음 대신 가족들의 대화가 꽃 피기 시작했다. 더욱 놀라운 것은 이 변화가 가정을 넘어 아이들의 일상 전체에 영향을 미쳤다는 점이다. 친구 집에 놀러 가서도 스마트폰을 찾는 대신 대화를 나누거나 책을 읽는 모습을 보였다.

"처음에는 저희도 걱정했습니다."

한 학부모님의 고백이다.

"하지만 TV를 치우고 난 뒤, 우리 아이가 달라졌습니다. 전에는 보지 못했던 재능이 보이기 시작했습니다."

이 가정의 자녀는 TV와 스마트폰이 없어진 시간에 그림 그리기를 시작했고, 이제는 미술에 특별한 재능을 보이고 있다. 미디어 기기가 사라진 빈자리를 창의적인 활동이 채우기 시작한 것이다.

특히 스마트폰의 영향력은 더욱 강력하다. TV는 적어도 거실이라는 한정된 공간에서 사용되지만, 스마트폰은 시간과 공간의 제약 없이 아이들의 주의를 빼앗는다. 끊임없는 알림, 자극적인 콘텐츠, 즉각적인 만족감은 아이들의 집중력을 심각하게 훼손시킨다.

더욱 우려되는 것은 미디어가 전달하는 메시지의 내용이다. EBS 교육연구소의 연구에 따르면, 아이들은 자신이 접하는 미디어 콘텐츠의 행동 양식을 그대로 모방하는 경향이 있다고 한다.

폭력적인 내용을 본 아이들은 공격적으로 변하고, 반대로 따뜻한 내용을 접한 아이들은 더 친절해진다. 하루에도 수백 개의 메시지를 전달하는 미디어는 우리 자녀들의 가치관 형성에 강력한 영향을 미치고 있는 것이다.

한 가정의 저녁 식사 시간의 변화는 특히 인상적이다. 예전에는 각자 스마트폰을 들여다보며 형식적으로 끼니만 해결했던 시간이었지만, 지금은 가족들이 하루의 이야기를 나누는 소중한 만남의 시간이 되었다. 대화 시간이 두 배 이상 늘었다는 이 가정의 변화는, 미디어 기기가 빼앗아 간 것이 단순한 시간이 아닌 가족의 소통이었음을 보여준다.

가정에서의 깊이 있는 대화와 소통의 중요성을 생각할 때, 유대인 가정의 전통은 우리에게 좋은 모델이 된다. 그들은 '토라 타임Torah Time'이라는 특별한 시간을 통해 가족이 함께 모여 성경을 읽고 토론한다. 이는 단순한 종교적 의식이 아니라, 자녀들이 어릴 때부터 삶의 진정한 가치를 발견하고 영적 지혜를 쌓아가는 소중한 시간이다.

"하지만 이제는 디지털 시대인데, 우리 아이만 뒤처지는 것은 아닐까요?"

많은 학부모님의 이 걱정에 대해, 우리 학교의 한 졸업생은 이렇게 우리에게 자신의 이야기를 들려준다.

"처음에는 나도 불만이 많았다. 친구들은 다 스마트폰으로 게임하고 채팅하는데, 나만 못하니까. 하지만 시간이 지나면서 달라졌다. 오히려 친구들과 직접 만나서 이야기하는 게 더 재미있어졌고, 공부할 때도 더 집중이 잘될 뿐만 아니라 책을 읽게 된 것이 가장 큰 소득이었다."

미디어 사용을 제한하고 가족 간 대화와 독서를 강조하는 교육 환경에서 자란 아이들이 더 뛰어난 비판적 사고능력과 창의력을 보인다는 것은 이제 보편적 진리가 되었다. 따라서 아이들에게 미디어를 차단하고 독서의 환경을 만들어 주고 싶지만 자신의 아이에게만 그러한 환경을 만들어 주는 것에 대한 고충을 이야기하는 이도 있다.

"남들 다하는데 우리 아이만 하지 않게 하기가 어려울 것 같아요."

이런 걱정을 하는 분들을 위해, 우리 학교는 실질적인 도움을 제공한다. 같은 가치관을 가진 학부모들의 커뮤니티, 단계적인 미디어 조절 프로그램, 그리고 무엇보다 아이들이 미디어 없이도 풍성한 삶을 경험할 수 있는 교육 환경을 제공하고 있다.

우리 학교의 학생들은 스트레스를 받을 때 스마트폰을 찾는 대신 운동을 하거나 악기를 연주하거나 책을 펴고, 지루할 때 텔리비전을 켜는 대신 친구들과 대화를 나누며, 무엇보다 자신의 내면에서 창의적인 에너지를 발견하는 법을 배운다.

"이제 여러분의 가정에서도 이 변화를 시작해 보면 어떨까요?"

처음에는 불편하고 어색할 수 있다. 하지만 그 불편함을 넘어설 때, 우리 아이들은 더 깊이있는 사고와 풍성한 상상력, 그리고 진정한 소통의 기쁨을 발견하게 될 것이다.

TV과 스마트폰이 있던 자리에 책과 대화가 채워지고, 수동적인 정보 소비가 아닌 능동적인 지식 창조가 이루어지며, 무엇보다 하나님이 우리 자녀들에게 주신 고유한 재능과 가능성이 활짝 피어나는 것이 바로 우리가 꿈꾸는 교육의 모습이다.

우리 학교와 함께하는 미디어 제한 여정은 다음과 같은 구체적인 변화를 가져올 것이다:

- 자녀의 집중력 향상과 학업 성취도가 증가하여 깊이 있는 학습과 사고가 가능해지는 것을 목격하게 된다.

- 가족 관계의 질적 향상으로 하루 평균 2시간 이상의 의미 있는 대화 시간을 확보하게 된다.

- 창의성과 문제 해결력이 발달하여 수동적 콘텐츠 소비에서 능동적 창작으로 전환되는 것을 경험하게 된다.

- 건강한 가치관이 형성되어 미디어의 영향력에서 벗어나 성경적세계관이 확립되는 것을 보게 된다.

우리 학교와 함께라면, 이 도전적인 여정이 의미 있는 변화의 시작이 될 것이다. 미디어로부터의 자유는 우리 자녀들이 진정한 배움과 성장의 기쁨을 발견하는 새로운 출발점이 될 것이다.

독서의 중요성과
교육 현장의 실제

요즘 자주 듣는 질문 중 하나는 "우리 아이가 책을 전혀 읽으려 하지 않는데 어떻게 하면 좋을까요?"라는 것이다. 이런 고민을 가진 학부모들과 대화할 때, 나는 먼저 독서의 진정한 의미에 관해 이야기를 나눈다.

책은 단순히 정보를 전달하는 매체가 아니다. 책은 새로운 세상을 보여주는 창이며, 다른 이의 삶을 체험하게 하는 통로이고, 우리의 사고를 확장시키는 도구이다. 그러나 안타깝게도 많은 아이들이 이런 책의 매력을 경험하지 못한 채 디지털 기기의 유혹 속에서 방황하고 있다.

얼마 전 한 학부모와 나눈 대화가 떠오른다.

"선생님, 아이가 스마트폰만 보려고 해요. 책은 숙제처럼 여기고…"

이는 현대 사회가 직면한 가장 큰 교육적 과제 중 하나를 보여준다. 즉각적인 만족을 제공하는 디지털 콘텐츠의 홍수 속에서 아이들은 깊이 있는 사고와 상상력을 요구하는 독서의 즐거움을 잃어가고 있다.

독서의 가치를 설명할 때 나는 종종 이렇게 비유한다.

"등산을 생각해 보세요. 정상에 오르는 과정은 쉽지 않지만, 그 여정에서 얻는 것이 많습니다. 체력을 기르고, 아름다운 풍경을 감상하며, 성취감을 느낄 수 있죠. 독서도 마찬가지입니다. 처음에는 어렵게 느껴질 수 있지만, 그 과정을 통해 많은 것을 얻게 됩니다."

독서가 주는 이점은 매우 다양하다. 먼저, 사고력과 논리적 추론 능력을 발달시킨다. 또한, 어휘력과 표현력을 풍부하게 하며, 무엇보다 다른 사람의 마음을 이해하는 공감 능력을 높인다.

한 학생의 사례가 특히 기억에 남는다. 사춘기로 인해 어머니와 학습 문제로 갈등이 있던 학생이 《이토록 공부가 재미있어지는 순간》이라는 책을 읽고 부모의 마음을 이해하게 되어 화해했다는 이야기를 들었다. 이 일은 독서의 소중한 가치를 다시 한번 일깨워주었다.

물론 현실적으로 독서를 어렵게 만드는 요인들이 존재한다. 흔히 접하는 학부모의 질문 중 하나는 이러하다.

"유튜브나 TV를 통해서도 정보와 지식을 얻을 수 있

는데, 꼭 책을 통해서만 배워야 하나요?"

이는 정보 습득의 본질을 오해한 것이다. 유튜브나 TV는 제작자들이 가공한 정보를 일방적으로 전달하는 매체다. 시청자들은 마치 스펀지가 물을 흡수하듯 수동적으로 정보를 받아들이게 된다. 반면 독서는 다르다. 책을 읽을 때 우리는 내용을 곱씹고, 비판적으로 사고하며, 스스로 판단하는 과정을 거친다. 이것이 바로 책을 통한 학습이 가진 고유한 가치이다.

독서를 방해하는 또 다른 중요한 요인은 가정 환경이다. 스마트폰과 태블릿이 주는 즉각적인 만족감, 끊임없이 들리는 TV 소리, 컴퓨터 게임의 유혹은 아이들의 독서 집중력을 저하시킨다. 여기에 더해 부모의 과도한 독서 강요는 오히려 아이들이 책을 멀리하게 만드는 역효과를 낳을 수 있다.

이러한 현실적 어려움을 해결하기 위해서는 적절한 독서 환경을 조성하는 것이 중요하다. 우리 학교는 이를 위해 체계적인 독서 프로그램을 운영하고 있다. 그 결과, 놀랍게도 학생들은 학업에 지칠 때 오히려 책 읽기를 통해 휴식을 취하곤 한다.

이런 이야기를 들은 학부모들은 대부분 놀라워한다.

"어떻게 그게 가능하죠? 우리 아이는 책 읽기를 너무 힘들어하는데…."

이것이 바로 우리 학교 독서 교육의 핵심이다. 독서는 결코 강요로 이루어질 수 없다. 우리는 아이들에게 독서가 '해야 하는 것이 아닌' '하고 싶은 것'이 되도록 세심한 환경을 조성하고 있다.

그 대표적인 예가 학생 맞춤형 도서 추천 시스템이다. 또한 매주 월요일 저녁에는 독서 지도 선생님과 함께하는 독서 모임이 열리는데, 이는 학생들이 가장 기다리는 시간이 되었다. 저녁 식사와 함께 3시간 동안 책에 관해 이야기를 나누고, 때로는 책 속 이야기를 바탕으로 새로운 창작활동을 하면서 학생들은 자연스럽게 독서의 매력을 발견해 간다.

우리 학교의 독서 프로그램은 다음 세 가지 원칙을 기반으로 운영된다.

첫째, 개별 맞춤형 접근이다. 모든 학생의 독서 수준과 관심사가 다르다는 점을 고려하여 각자에게 적합한 책을 추천한다.

둘째, 자발성을 존중한다. 책 읽기를 강요하지 않고, 학생들이 책과 자연스럽게 친해질 수 있는 편안한 환경을 제공한다.

셋째, 함께 읽는 즐거움을 나눈다. 또래 친구들과의 독서 토론과 북클럽 활동을 통해 독서의 즐거움을 배가시킨다.

특별한 사례 하나를 소개하고 싶다. 초등학교에 입학한 후 공부에 전혀 흥미를 느끼지 못하던 한 학생이 있었다. 다른 과목은 전혀 손에 잡히지 않았지만, 우리는 그 아이에게 색다른 제안을 했다.

"다른 공부는 하지 않아도 좋아. 네가 좋아할 만한 책을 함께 찾아보자."

독서 지도 선생님은 그 학생의 수준과 관심사에 맞는 책을 하나씩 선정해 읽도록 이끌었다.

강요하지 않되, 꾸준히 책과 친해질 수 있는 환경을 만들어 준 것이다. 그리고 놀라운 변화가 일어났다. 공부와 거리가 멀었던 그 학생은 중학생이 되어 국어 시험에서 최고점을 받았다.

하지만 더 중요한 것은 그 이후의 변화였다. 이제 그 학생은 단순히 국어 성적이 좋아진 것을 넘어 학습에 대한 자신감을 찾았고, 자신만의 꿈도 발견하게 되었다. 가장 놀라운 점은 독서가 그의 쉼이 되었다는 것이다. 이것이 바로 우리가 추구하는 진정한 독서 교육의 모습이다.

우리 학교의 독서 교육은 단순히 책을 읽히는 것에 그치지 않는다. 평생의 독서 습관을 형성하고, 비판적 사고력을 키우며, 무엇보다 책 읽는 즐거움을 발견하게 하는 것이 궁극적인 목표다. 이는 지식 습득을 넘어 전인적 성장을 추구하는 우리 학교 교육철학의 근간이다.

학부모들은 여전히 조심스럽게 묻는다.

"우리 아이도 정말 책을 좋아하게 될 수 있을까요?"

나는 확신을 가지고 대답한다.

"그럴 수 있습니다."

우리는 매일 그 변화를 목격하고 있기 때문이다. 스마트폰에만 빠져 있던 아이들이 책의 매력을 발견하고, 학업에 지친 아이들이 독서에서 위안을 찾는 모습은 더 이상 낯선 광경이 아니다.

독서는 단순한 학습 도구가 아닌, 삶을 풍요롭게 하는 평생의 동반자가 될 수 있다. 우리 학교는 앞으로도 모든 학생이 이러한 소중한 친구를 만날 수 있도록 따뜻하면서도 체계적인 독서 교육을 이어 나갈 것이다.

하나님 앞에서의 단정한 복장의 중요성
(교복을 입는 이유)

"우리 아이가 교복 입는 것을 불편해하는데, 어떻게 설명해 주면 좋을까요?"

이런 고민을 가진 학부모들을 만날 때마다, 복장의 본질적 의미에 관해 이야기를 나누고 있다.

복장은 단순히 외모를 꾸미는 것 이상의 의미가 있다. 성경은 우리의 옷차림에 대해 여러 차례 언급하며, 복장이 우리의 마음가짐과 태도를 반영한다고 가르친다. 하나님을 경외하는 마음이 복장을 통해 표현될 수 있기 때문이다.

얼마 전, 한 학부모께서 이런 질문을 했다.

"선생님, 왜 아이들은 액세서리를 착용하면 안 되나요?"

이 질문은 현대 사회가 직면한 중요한 교육적 과제를 보여준다. 외적인 아름다움과 유행을 중시하는 문화 속에서, 우리는 내면의 아름다움과 경건함의 가치를 잃어가고 있다.

• 성경 속 복장의 의미

성경에는 복장에 관한 귀중한 가르침들이 있다.

출애굽기 28:2에서는 '네 형 아론을 위하여 거룩한 옷을 지어서 영화롭고 아름답게 할지니라'라고 말씀한다. 제사장의 옷은 단순한 의복이 아닌 하나님의 거룩하심을 나타내는 상징이었다.

레위기 16장은 대제사장이 속죄일에 입어야 할 흰 세마포 옷에 대해 상세히 설명한다. 이 흰옷은 정결함을 상징하며, 대제사장이 죄를 속하기 위해 성소에 들어갈 때 반드시 착용해야 했다. 우리도 하나님 앞에 나아갈 때 이러한 정결한 마음가짐이 필요하다.

디모데전서 2:9~10에서는 '여자들도 단정하게 옷을 입고, 겸손과 절제로 자신을 꾸미며, 값진 장신구로 하지 말고 선한 행실로 하기를 원하노니, 이는 하나님을 경외하는 자들에게 마땅한 것이라'고 가르친다. 이는 외적 치장보다 내면의 아름다움이 더 중요함을 강조하는 말씀이다.

특히 레위기 20:26의 '너희는 거룩하게 될지어다 이는 나 여호와가 거룩함이니라'는 말씀은 우리의 모든 모습, 나아가 우리의 복장까지도 하나님의 거룩하심을 반영해야 함을 보여준다.

- **교복의 영적 의미**

이러한 맥락에서 우리는 교복을 착용한다. 우리 학교에서 교복은 단순한 통일된 복장이 아닌 영적 훈련의 도구이다. 매일 아침 거울 앞에서 교복을 단정히 입는 순간부터 하루를 마치고 귀가하는 순간까지, 모든 시간이 예배자로서의 삶을 배우는 과정이 된다. 일반 복장을 착용할 경우, 학생들은 유행하는 옷이나 세련된 옷을 통해 자신을 드러내려 할 수 있다. 그러나 교복은 모든 학생에게 동일하며, 이를 통해 유행보다는 단정함의 가치를 배울 수 있다.

베드로전서 3:3~4의 말씀처럼 '너희의 단장은 머리를 꾸미고 금을 차고 아름다운 옷을 입는 외모로 하지 말고, 오직 마음의 숨은 사람을 온유하고 평온한 마음으로 하라. 이것이 하나님 앞에 값진 것이라'라는 말씀처럼 우리는 이 말씀의 가치를 실천하고자 한다.

우리 학교의 복장 교육은 세 가지 원칙을 따르고 있다.

첫째, 내면의 가치를 중시한다.

외적인 화려함보다는 내면의 선함과 경건함을 더 중요하게 여기고 있다.

둘째, 하나님 앞에서의 정결함을 추구한다.

단정한 옷차림은 하나님을 향한 존경과 예배의 태도를 반영하고 있다.

셋째, 구별된 그리스도인으로서의 정체성을 기른다.

세상의 기준이 아닌, 하나님의 말씀에 기초한 가치관을 형성하고 있다.

특히 기억에 남는 한 학생이 있다. 평소 명품을 좋아하던 그 학생에게 이렇게 말했다.

"네가 입는 옷이 네 가치를 결정하지 않아. 하나님께서는 네 마음을 보시거든."

이 대화를 계기로 중요한 원칙을 세웠다. 아이들이 입고 있는 옷을 보고 칭찬하지 않도록 한 것이다. 예쁜 옷을 칭찬하면, 아이들이 자신의 가치를 외적인 것에서 찾으려 할 수 있기 때문이다.

열왕기하 2장에는 엘리야의 겉옷이 엘리사에게 전해지는 장면이 나온다. 이는 단순한 옷의 전달이 아니라 영적 사명의 전수를 상징한다. 이처럼 옷은 때로 우리의 사명과 정체성을 나타내는 상징이 되기도 한다.

"그렇다면 우리 아이들이 스스로 단정한 복장의 가치를 깨달을 수 있을까요?"

나는 확신을 가지고 대답한다.

"처음에는 교복을 불편해하던 아이들이 고학년이 되면서 점차 그 의미를 이해하고, 스스로 단정한 모습을 갖추려 노력하는 모습을 보고 있습니다."

복장은 단순히 겉모습의 문제가 아니다. 그것은 하나님을 향한 우리의 태도와 마음가짐을 보여주는 중요한 표현이다.

시편 96:9의 말씀처럼 '아름답고 거룩한 것으로 여호와께 예배할지어다.'

우리의 모든 모습이 하나님께 드리는 예배가 되어야 한다.

우리 학교는 앞으로도 모든 학생이 하나님의 자녀다운 복장을 통해 구별된 그리스도인으로 자라날 수 있도록 체계적인 복장 교육을 이어 나갈 것이다. 이는 단순한 규율이 아닌, 우리 자녀들의 영적 성장을 위한 소중한 훈련 과정이기 때문이다.

3장
미래를 여는 신앙 교육

우리는 온실이 아닌
모판에서 자랍니다

지난 18년간 기독교 대안학교에서 만난 학부모들이 가장 많이 던진 질문들이 있다. 특히 입학 상담 때마다 거의 모든 학부모가 다음과 같은 고민을 털어놓는다.

"기독교 학교에서만 공부하면 우리 아이가 세상에 나가서 잘 살아갈 수 있을까요?"

"기독교 학교에서만 공부하면 사회성이 부족해지지 않을까요?"

"기독교 학교 교육은 온실 속 교육이 아닌가요?"

이는 당연한 걱정이다. 급변하는 현대 사회에서 자녀를 기독교적 가치관으로 양육하면서도, 동시에 세상에서 당당히 살아갈 수 있는 실력과 품성을 갖추게 하는 것은 쉽지 않은 과제이기 때문이다.

기독교 교육을 이해하기 위해서는 먼저 '온실교육'과 '모판교육'의 차이를 이해할 필요가 있다. 온실은 외부 환경으로부터 완전히 보호된 공간으로, 식물들이 외부와의 상호작용 없이 자라는 곳이다. 반면, 모판은 초기에는 보호를 받지만 점차 환경에 적응하도록 돕는 곳으로, 궁극적으로 실제 환경에서의 성장을 준비시킨다. 이러한 비유는 교육의 두 가지 접근 방식을 명확하게 보여준다.

우리는 흔히 기독교 대안교육을 온실과 같이 폐쇄된 공간에서 사회와 단절되어 우물 안 개구리처럼 교육받는 것으로 오해하고 있다. 그러나 현재 공교육 현장을 살펴보면 흥미로운 역설을 발견할 수 있다. 오히려 공교육이 더 '온실' 같은 환경을 만들어내고 있는 것이다. 대부분의 공립학교에서는 수업이 교사 중심의 강의식으로 진행된다. 학생들은 정해진 시간표에 따라 획일화된 교과서로 공부하고, 중간고사와 기말고사를 위해 교사가 전달한 내용을 단순 암기하는 데 치중하고 있다.

이처럼 획일화된 환경에서 학생들은 스스로 생각하고 판단할 기회를 충분히 갖지 못한다. 더욱 우려되는 점은 이러한 교육이 학생의 자발적 학습이 아닌, 교사 주도의 수동적 학습으로 이루어진다는 것이다. 정해진 답만을 주입하고 시험에서 그대로 재현하도록 요구하는 현재의 평가체계는 학생들의 자발적 탐구 의지를 억누르고 있다. 결과적으로 공교육은 의도치 않게 학생들의 창의성과 자율성이 제한된 닫힌 공간이 되어가고 있다.

그러나 우리가 꿈꾸는 교육은 단순히 세상으로부터 도망치는 것이 아니다. 우리에게는 더 큰 비전이 있다. 그것은 우리 학생들이 장차 각자의 자리에서 세상을 더 나은 곳으로 만드는 사람이 되는 것이다. 마치 모종이 자라서 들판에 나가 풍성한 열매를 맺는 것처럼 말이다.

예수님은 '너희는 세상의 빛이라'고 말씀하셨다. 빛은 어둠에 숨어있는 것이 아니라 어둠을 밝히는 역할을 한다. 우리 학교에서 공부하는 학생들도 마찬가지다. 이들은 각자의 재능과 은사를 가지고 세상에 나가 하나님의 사랑을 전하고, 세상을 더 아름답게 만드는 사람들이 될 것이다.

이러한 교육의 결실을 한 학부모는 다음과 같이 증언했다.

"처음에는 아이가 세상과 단절되는 건 아닐지 걱정했어요. 그런데 지금 보니 오히려 더 단단해지고 있더라고요. 자신의 믿음도 지키면서, 다른 사람들을 이해하고 도울 줄도 아는 아이로 자라고 있어요."

- **모판교육의 다섯 가지 핵심 특징**

첫째, 나이에 맞는 지혜로운 보호

모판교육에서는 성장 단계별 맞춤형 보호를 실천한다. 마치 모종이 처음에는 세심한 보호가 필요하지만 점차 외부 환경에 적응해 가듯이, 학생들도 연령과 성숙도에 따라 차별화된 보호를 받는다.

저학년 시기에는 기본적인 가치관과 생활 습관 형성에 중점을 두고, 고학년으로 갈수록 현실 세계의 도전과 마주할 기회를 점진적으로 확대한다. 이는 마치 수영을 배우는 과정과 같다.

처음에는 얕은 물에서 기본 동작을 배우지만, 점차 깊은 물로 나아가며 실제 수영 능력을 기르는 것이다.

둘째, 계획된 도전

모판교육은 의도적으로 설계된 도전 상황을 통해 학생들의 적응력을 키운다. 프로젝트 학습에서 학생들은 실제 사회 문제를 다루되, 교사의 조언과 지도 아래 해결 방안을 모색한다. 봉사활동에서도 단순한 참여를 넘어 학생들이 직접 기획하고 실행하는 과정을 통해 실질적인 문제 해결 능력을 기른다. 이러한 도전은 신앙적 성장에도 중요한 의미가 있다. 보호된 환경 속에서도 현실 세계의 가치관과 마주하는 경험을 통해 학생들은 자신의 신앙을 더 깊이 성찰하고 견고히 하는 기회를 갖는다.

셋째, 공동체적 학습

모판에서 모종들이 서로 영향을 주고받으며 자라듯이, 공동체적 학습은 우리 교육의 핵심이다. 학생들은 다양한 공동체 활동을 통해 서로의 관점을 이해하고 조율하는 법을 배운다. 갈등 상황에서는 건설적인 해결 방안을 함께 모색하며, 이 과정에서 협력과 섬김의 가치를 자연스럽게 체득한다.

넷째, 분별력 있는 세계관 형성

우리의 교육은 세상과의 단절이 아닌, 앞으로 살아갈 세상에 대한 바른 이해와 분별력을 기르는 데 중점을 둔다. 학생들은 현대 사회의 다양한 이슈들을 성경적 관점에서 분석하고 토론하는 하브루타 과정을 통해 비판적 사고능력을 키운다. 이 과정에서 성경적 가치관을 더 깊이 이해하며, 현실 세계에서의 그리스도인의 역할을 고민한다.

다섯째, 영적 성장을 위한 통합적 훈련

모든 교육과정에는 자연스럽게 영적 훈련이 녹아있다. 학생들은 일상적인 학교생활에서 기도와 말씀 묵상의 습관을 형성하고, 제자 훈련을 통해 어려운 상황에서 믿음으로 대처하는 법을 배우며, 공동체 속에서 그리스도의 사랑을 실천하는 경험을 쌓는다.

이제 우리는 기독교 대안교육의 새로운 전환점에 서 있다. '세상으로부터의 보호'라는 소극적 관점에서, '세상을 변화시키는 하나님의 사람을 양성한다'는 적극적 관점으로의 전환이 필요한 시점이다.

우리는 그 어느 때보다도 빠르게 변화하는 시대를 살고 있다. 기독교 대안학교는 이러한 시대적 도전 앞에서 두 가지 본질적 사명을 감당해야 한다. 하나는 변하지 않는 하나님의 진리를 굳게 지키는 것이며, 다른 하나는 변화하는 시대 속에서 지혜로운 교육의 방법을 찾아가는 것이다.

이것이 바로 우리가 '온실'이 아닌 '모판'과 같은 교육을 추구하는 이유이다. 우리는 이를 통해 학생들이 믿음의 뿌리를 단단히 내리고, 실력을 갖추며, 나아가 세상을 변화시키는 하나님의 자녀로 자라나기를 소망한다.

우리가 꿈꾸는 예배

하나님께서 우리를 부르시고 제사장으로 삼으신 이유는 무엇일까?

이 질문은 우리가 추구하는 신앙 교육의 본질과 직접 연결된다.

베드로전서 2:9에서는 이렇게 말씀한다.

"그러나 너희는 택하신 족속이요 왕 같은 제사장들이요 거룩한 나라요 그의 소유가 된 백성이니 이는 너희를 어두운 데서 불러내어 그의 기이한 빛에 들어가게 하신 이의 아름다운 덕을 선포하게 하려 하심이라"

여기서 '선포하다'는 단순한 입술의 고백을 넘어서는 의미를 가진다. 이는 하나님의 위대하심을 공적으로 알리고 그분의 영광을 높이는 것을 의미한다.

하나님의 위대하심을 공식적으로 알리고 선포하는 거룩한 행위를 일컬어 우리는 찬양이라 하는데, 하나님께서 우리를 구원하시고 제사장으로 삼으신 궁극적인 목적이 바로 여기에 있다.

즉, 우리에게 주어진 가장 소중한 소명은 하나님을 예배하고 찬양하는 예배자의 삶을 사는 것이다.

그렇다면 진정한 예배란 무엇일까?

진정한 예배의 의미를 이해하기 위해서는 구약의 제사제도를 살펴볼 필요가 있다. 레위기에 기록된 다섯 가지 제사는 오늘날 우리의 예배가 어떠해야 하는지를 보여주고 있다.

첫째, 번제는 모든 제물을 온전히 태워 하나님께 전부를 드리는 제사이다. 이는 로마서 12장의 말씀처럼 우리 자신을 산 제물로 하나님께 드리는 완전한 희생과 헌신을 의미한다.

둘째, 소제는 곡식의 고운 가루로 드리는 제사로서, 우리의 일상적 삶을 하나님께 드린다는 의미를 담고 있다. 히브리서 13장에서 말씀하는 것처럼, 이는 하나님을 기쁘시게 하는 찬양과 구제와 같은 우리의 일상이며, 삶으로 표현되는 예배이다.

셋째, 화목제는 하나님과의 교제와 감사를 위한 제사이

다. 로마서 15장의 말씀대로 이는 하나님과 이웃과의 깨어진 관계의 회복을 의미한다. 믿지 않는 자에게는 하나님과의 관계 형성을, 믿는 자들에게는 하나님 그리고 이웃과의 관계 회복을 뜻한다.

넷째, 속죄제는 우리의 죄를 용서받기 위한 제사이다. 이 제사는 예수 그리스도의 십자가의 은혜와 보혈의 공로로 말미암아 우리가 죄 사함을 받음으로써 완성되었다.

다섯째, 속건제는 이웃과의 관계에서 잘못을 바로잡고 용서하기 위한 제사이다. 이는 예배가 하나님과의 수직적 관계뿐 아니라 이웃과의 수평적 관계 속에서 이뤄짐을 보여준다. 주님께서 세족식을 통해 가르치신 것처럼, 우리도 서로의 죄를 용서하며 살아야 함을 의미한다.

그러나 문제는 이러한 제사들이 구약의 제사장들에 의해 단순한 종교적 의식으로 전락한 것이었다. 하나님께 대한 찬양, 헌신, 희생, 감사, 화목, 구제 그리고 용서라는 깊은 영적 의미를 상실한 채 그들은 단순히 짐승을 잡아 태우는 행위만을 반복했다. 예배의 본질적 의미는 사라지고 형식만 남게 된 것이다. 그래서 하나님은 더 이상 그들의 제사를 기뻐하지 않으시고 받지도 않으셨다.

시편 51편에서 다윗은 '주께서는 제사를 기뻐하지 아니하시나니… 하나님께서 구하시는 제사는 상한 심령이라'고 고백한다. 이는 하나님께서 형식적인 의식이 아닌 진실한 마음에서 우러나오는 예배를 기뻐하심을 분명히 보여 준다.

오늘날 우리의 예배, 특히 다음 세대를 위한 예배 교육의 현실은 어떠한가?

안타깝게도 우리의 예배, 특히 어린이 예배는 종종 본질에서 벗어나 있다. 예배가 하나님을 위한 것이 아닌 우리의 필요와 즐거움을 위한 것으로 변질된 경우가 많다. 하나님을 기쁘시게 하기보다는 아이들의 흥미를 끌기 위해 다양한 프로그램으로 채우려 한다. 이러한 현실 앞에서 우리는 다음과 같은 근본적인 질문들을 던져야 한다.

"어떻게 하면 다음 세대에게 참된 예배의 의미를 가르칠 수 있을까?"

"어떻게 하면 예배가 단순한 주일 의식이 아닌 삶의

예배가 되게 할 수 있을까?"

이러한 참된 예배를 가르치기 위해서는 주일 한 번의 모임으로는 부족하다. 따라서 우리는 매일 참된 예배의 가치와 의미를 함께 배우고 실천할 수 있는 기관이 필요하다. 그래야만 우리의 예배가 종교적 의식에 머무르지 않고 삶이 예배가 되게 할 수 있기 때문이다.

유대인들의 삶을 보면 이에 대한 중요한 통찰을 얻을 수 있다. 그들에게 종교와 삶은 결코 분리된 것이 아니었다. 그들의 삶이 곧 종교였고, 종교는 그들의 삶에서 자연스럽게 표현되었다.

우리도 이러한 원리를 따라 모든 삶이 신앙의 표현이 되도록 가르쳐야 한다.

성경은 '그런즉 너희가 먹든지 마시든지 무엇을 하든지 다 하나님의 영광을 위하여 하라'(고전 10:31)고 말씀한다. 이는 우리의 일상적 삶 전체가 하나님께 드리는 예배가 되어야 함을 보여주는 것이다.

따라서 우리가 추구해야 할 교육의 방향은 분명하다.

우리는 다음 세대에게 단순한 종교적 의식이 아닌, 삶의 모든 영역에서 하나님을 예배하고 찬양하는 법을 가르쳐야 한다. 이는 구약의 제사가 보여주는 영적 의미들 - 전적인 헌신, 일상의 봉헌, 관계의 회복, 죄의 용서, 이웃과의 화목 - 을 우리의 삶에서 실천하는 것이다.

이러한 교육이 이루어질 때, 우리의 다음 세대는 주일 예배뿐 아니라 매 순간 하나님의 영광을 위해 살아가는 참된 예배자로 자라날 수 있을 것이다. 이것이 바로 하나님께서 우리를 왕같은 제사장으로 부르신 궁극적인 목적이며, 우리가 이루어야 할 교육의 사명이다.

순종과 복종의 차이

인류 역사의 시작점에서, 우리는 가장 근본적인 질문과 마주한다. 그 질문은 '죄란 무엇인가'이다. 성경은 첫 번째 죄를 '불순종'이라 기록한다. 아담과 하와가 하나님의 명령을 어기고 '선과 악을 아는 나무의 실과'를 먹은 사건은 단순한 규칙 위반을 넘어, 인간이 하나님과 어떤 관계를 맺어야 하는지에 대한 깊은 질문을 던진다.

창세기 3:6은 그들의 불순종 이유를 이렇게 설명한다.

'여자가 그 나무를 본즉 먹음직도 하고 보암직도 하고 지혜롭게 할 만큼 탐스럽기도 한 나무인지라.'

그들은 하나님의 말씀보다 자신의 욕망에 집중했고, 이것이 불순종의 본질이었다.

오늘날 우리 아이들도 비슷한 도전에 직면한다. 스마트폰이 '보암직하고', 게임이 '먹음직하며', 즉각적인 만족이 '탐스럽게' 보이는 시대를 살아가고 있다.

이런 시대에서 순종과 복종이라는 덕목을 어떻게 가르칠 수 있을까? 순종과 복종을 이해하기 위해서는 먼저 단어가 가지고 있는 의미를 생각해야 한다. 그렇지 않으면 우리가 알고 있는 막연한 의미를 가지고 순종을 쉽고 편한 것이고 복종은 굴복하는 좋지 않은 것이라는 편견을 가질 수 있기 때문이다.

성경에서 순종과 복종이 가지는 의미를 살펴보면, 순종 obey은 특정인의 말이나 명령을 따르는 행위이다. 반면 복종 submission은 정당한 권위와 질서를 인정하고 받아들이는 것을 의미한다. 이러한 구분은 우리가 흔히 두 단어를 혼용해서 사용하는 것과는 차이가 있다. 이 차이를 아는 것은 매우 중요하다.

순종과 복종의 차이를 이해하지 못하면 맹목적 순종의 위험에 빠질 수 있다. 역사는 이를 경고하며, 그 대표적인 예가 제2차 세계대전 당시 나치 독일이다. 히틀러는 국가의 지도자였지만, 그의 부당한 명령을 따르는 것은 명백히 잘못된 일이었다. 이 사례는 권위를 존중하는 것과 부당한 명령을 거부하는 것이 결코 모순되지 않음을 보여준다.

이러한 관점에서 우리 학교는 순종과 복종의 차이를 구체적으로 가르친다. 교사의 권위는 질서를 지키기 위한 복종의 의미로서 마땅히 존중되어야 하지만, 그 권위 아래에서 이루어지는 개별적인 지시나 결정에 대해서는 무조건적인 순종이 아닌 비판적 사고가 필요하다는 것이다.

예를 들어, 수업 중에 이루어지는 교사의 지시가 부당하거나 하나님의 말씀에 어긋난다고 판단될 때, 학생들은 그것에 대해 자신의 의견을 표출할 수 있다. 하지만 권위를 존중하여 예를 갖춰 표현하도록 하는 것이다. 이를 통해 어떻게 권위는 존중하면서 문제를 제기할 수 있을지를 알게 하며, 학생들은 권위 자체는 인정하고 존중하되, 그 권위 아래에서 이루어지는 개별적 지시는 올바른 판단이 필요함을 배운다.

이러한 교육적 관점에서, 동탄기독학교는 역사적 교훈을 바탕으로 비판적 사고능력과 함께 올바른 복종의 의미를 가르친다. 우리는 "이렇게 하세요"라는 식의 일방적 지시를 지양한다. 대신 "왜 그래야 하는가?", "이것이 올바른 것인가?"를 함께 생각하고 토론한다.

특히 고학년이 되면서 이러한 교육은 더욱 심화된다. 학생들은 성경과 역사 속에서 '정의로운 불복종'의 사례들을 배운다. 다니엘이 우상 숭배 명령을 거부한 것, 디트리히 본회퍼 목사가 나치 정권에 저항한 것과 같은 사례들을 통해, 때로는 부당한 권위에 저항하는 것이 올바른 선택일 수 있음을 이해한다.

이러한 교육은 가정에서도 이어져야 할 것이다. 부모의 권위는 존중하되, 부모의 지시는 일방적 순종이 아닌 사랑과 신뢰를 바탕으로 한 관계 속에서 이루어져야 한다. 예를 들어, '이웃을 미워하라'는 가르침이 주어진다면, 아이는 부모님을 존중하면서도 하나님의 가르침을 우선시해야 함을 배우게 된다.

예수님께서 '나의 원대로 마시옵고 아버지의 원대로 하옵소서'(눅 22:42)라고 하신 기도는 진정한 복종의 모범을 보여준다. 이는 단순한 명령 수행이 아닌, 하나님의 뜻에 대한 깊은 신뢰와 사랑의 표현이다. 우리가 주님 안에서 복종할 수 있는 것은 하나님의 절대 주권과 그분의 선하심을 믿기 때문이다.

이러한 교육을 통해 우리는 이미 의미 있는 변화들을 목격하고 있다. 학생들이 단순한 순종을 넘어 진정한 복종으로, 규칙의 준수를 넘어 질서의 이해로 나아가는 모습이 바로 우리가 추구하는 교육의 열매이다.

동탄기독학교가 추구하는 순종과 복종의 교육은 세 가지 핵심 가치, 즉 비판적 사고를 통한 올바른 판단력, 정당한 권위에 대한 존중, 그리고 부당한 것에 대한 용기 있는 저항을 담고 있다. 이 세 가지가 조화를 이룰 때, 우리 학생들은 하나님 나라의 정의와 사랑을 이 땅에 구현하는 일꾼으로 자라날 것이다.

성공이 목표가 아니라
성장이 목표입니다

"너는 기독교 학교에 다니는 아이가 왜 그러니?"

한 학생의 부모가 자녀의 잘못된 행동을 보고 던진 이 질문 속에는 많은 의미가 담겨 있다.

부모들은 종종 기독교 학교에 자녀를 보내면 자연스럽게 신앙이 성숙하고 올바른 행동을 할 것이라고 기대한다. 그러나 이는 기독교 교육에 대한 흔한 오해이다. 많은 부모가 기독교 학교에 다니는 아이들이 갑자기 예수님처럼 완벽한 사람이 될 것이라 기대하지만, 이는 현실적이지 않을 뿐만 아니라 기독교 교육의 본질을 잘못 이해한 것이다.

기독교 학교는 완벽한 크리스천을 단숨에 만들어내는 곳이 아니다. 이곳은 자녀들이 세상 속에서 하나님의 자녀로서 빛과 소금이 되어 살아갈 수 있도록 훈련받고 준비하는 장소이다. 학생들은 예수님을 닮아가는 과정 속에서 신앙과 성품이 성숙해지는 법을 배우고 경험하게 된다.

이러한 과정은 마치 스포츠 선수의 훈련과도 같다. 훌륭한 운동선수가 하루아침에 만들어지지 않는 것처럼, 신앙도 꾸준한 훈련을 통해 성장한다. 예수님을 믿는 순간 구원을 받지만, 그것은 신분의 변화일 뿐 삶의 변화는 점진적인 과정 속에서 이루어진다. 이는 마치 《거지 왕자》 이야기와도 같다. 거지 소년이 갑자기 왕자가 되었지만 왕궁 생활이 익숙하지 않아 여전히 거지처럼 행동하는 것과 같다. 이제 신분이 바뀌었다면, 왕자의 옷을 입는 것만으로는 충분하지 않다. 왕자답게 살아가는 훈련이 필요하다. 마찬가지로, 그리스도인으로서의 성장은 성령의 인도하심 속에서 지속적인 훈련을 통해 이루어진다.

성경에서도 이러한 성장의 필요성을 강조한다.

'우리 주 곧 구주 예수 그리스도의 은혜와 그를 아는 지식에서 자라 가라' (벧후 3:18)

이 말씀은 그리스도인의 성장이 지식의 축적이 아니라, 삶의 변화와 성숙을 요구하는 과정임을 보여준다. 이러한 성장을 돕는 신앙 교육의 좋은 사례를 유대인 공동체에서 찾아볼 수 있다.

한 유대인 공동체를 방문했을 때의 인상적인 모습이 지

금도 기억에 남아있다. 그들은 지식을 전달하는 것에 그치지 않는다. 아침에 일어나자마자 정결 의식을 행하기 위해 저녁 자기 전에 침대 곁에 물을 떠다 놓는다. 또한 '토라 타임Torah Time'이라는 특별한 시간을 통해 가족이 함께 성경을 읽고 토론하며, 자신의 삶을 말씀에 비추어 돌아보는 시간을 가진다. 그들은 안식일을 지키기 위해 자동차를 운전하지 않고 스마트폰을 사용하지 않는 것은 물론, 찌찌트와 키파를 착용함으로써 일상 속에서 하나님의 존재를 늘 기억하며 말씀대로 살아가려 한다.

물론 현대 그리스도인들은 이러한 방식에 모두 동의하지 않을 수도 있다. 그러나 말씀에 순종하며 살아가려는 이러한 유대인들의 모습을 소개할 때, 많은 이들이 이런 질문을 던진다.

"이렇게 교육하면 대학 진학은 어떻게 하나요? 혹시 우리 아이만 뒤처지는 건 아닐까요?"

이러한 질문에 대한 답은 역설적이게도 유대인 공동체의 역사가 보여주고 있다. 유대인들은 전 세계 인구의 0.2%에 불과하지만, 노벨상 수상자의 22%를 차지하고 있다.

또한 경제, 과학, 예술, 정치 등 다양한 분야에서 탁월한 영향력을 발휘하고 있다. 이는 결코 우연이 아니며, 그들의 철저한 신앙 교육과 가정 중심의 학습이 만들어낸 결과이다.

유대인 교육의 핵심은 '어떤 사람이 될 것인가'라는 질문에서 시작한다. 그들은 높은 학업 성취나 사회적 성공을 목표로 하지 않는다. 대신 어릴 때부터 하나님의 말씀을 중심으로 가정에서 토론하고 실천하며, 신앙을 삶의 기준으로 삼도록 교육받는다. 이는 종교교육이 아니라, 삶의 모든 영역에서 하나님의 지혜를 찾고 적용하는 훈련이다. 이러한 교육을 통해 논리적 사고력, 창의성, 윤리 의식, 그리고 삶의 목적의식이 자연스럽게 형성된다.

많은 부모가 자녀의 대학 진학과 사회적 성공을 최우선 과제로 삼지만, 우리는 교육의 우선순위를 다시 생각해 볼 필요가 있다. 유대인 교육이 보여주듯, 먼저 하나님의 말씀으로 다듬어진 그릇을 만드는 것이 중요하다. 이는 마치 도자기를 만들 때 먼저 그릇의 모양을 잘 빚어야 좋은 내용물을 담을 수 있는 것과 같다. 인성과 영성이라는 단단한 그릇이 만들어진 후에야, 그 안에 담기는 지식과 능력이 진정한 가치를 발휘할 수 있다.

이것이 바로 기독교 교육이 지향해야 할 방향이다. 성경을 지식으로 가르치거나 기독교 학교라는 간판만 내걸고 세속적 교육을 답습해서는 안 된다. 성경적 세계관과 가치관으로 먼저 아이들의 인격을 다듬어가는 것, 그리고 그 과정에서 하나님이 주신 각자의 은사와 재능을 발견하고 계발하는 것이 중요하다. 이러한 교육을 통해 우리 자녀들은 성공하는 사람이 아니라, 하나님 나라의 가치를 실현하는 참된 그리스도인으로 성장할 수 있다.

이러한 시대적 상황 속에서 기독교 학교의 역할은 그 어느 때보다 중요하다. 기독교 학교는 성경을 기준으로 세상을 바라보고 해석하는 기독교적 세계관을 가르치는 특별한 교육 환경을 제공한다. 지식 전달을 넘어, 학생들이 하나님의 말씀을 삶의 중심에 두고 사고하고 결정할 수 있도록 돕는다.

우리 교육의 핵심은 '보호'가 아니라 '준비'이다. 세상의 악영향으로부터 학생들을 격리하는 것이 아니라, 세상 속에서 하나님의 뜻을 분별하고 실천할 수 있는 영적 분별력과 실천력을 기르는 데 초점을 맞춘다. 신앙은 교실 안에만 머무는 것이 아니다. 기독교 교육의 목적은 학생들이 세상 속에서 믿음을 실천하며 살아가도록 준비시키는 것이다.

우리는 '착한 아이'를 키우는 것이 목표가 아니다. 하나님을 사랑하고, 그분의 뜻을 분별하며, 그 뜻에 따라 담대히 살아가는 그리스도의 제자를 양육하는 것이 우리의 사명이다. 때로는 실수하고 넘어질 수도 있다. 하지만 중요한 것은 그 과정에서 하나님의 은혜를 경험하고 배우는 것이다.

"실수해도 괜찮아. 중요한 건 그 실수를 통해 무엇을 배우느냐란다."

이 말처럼 우리는 완벽한 신앙인이 되는 것이 아니라, 하나님의 은혜 안에서 끊임없이 성장하는 것이 중요함을 가르친다. 믿음의 여정은 한순간에 완성되는 것이 아니라, 지속적인 훈련과 실천을 통해 성숙해 가는 과정이다.

따라서 우리는 기독교 교육의 진정한 가치를 다시 한번 되새겨볼 필요가 있다. 유대인들이 보여준 것처럼, 말씀에 기초한 교육은 종교적 신념을 전수하는 것을 넘어 전인적 성장의 토대가 된다. 기독교 교육의 목표는 세상의 기준에 맞춘 성공이 아니라, 하나님 나라의 가치를 실현할 수 있는 참된 그리스도인을 길러내는 것이다. 이러한 교육을 통해 우리 자녀들은 하나님 앞에서 신실한 청지기이자, 세상을 변화시키는 영향력 있는 그리스도인으로 성장할 것이다.

이것이 바로 우리가 추구해야 할 기독교 교육의 본질이며, 다음 세대를 위한 우리의 책임이다.

주일학교를 넘어서:
우리 자녀들의 전인적 신앙교육을 위하여

우리는 일주일에 한 번, 예배당에서 드리는 한 시간의 예배만으로 우리가 온전한 신앙생활을 잘 하고 있다고 생각한다. 우리는 자녀들을 주일 학교에 일주일에 한 번 보내는 것으로 우리 자녀의 신앙에 대한 책임을 다했다고 여긴다.

그러나 우리는 스스로 물어보아야 한다.

"과연 이것만으로 이 시대를 이겨낼 만한 믿음이 길러질 수 있을까?"

이 질문에 대한 답을 찾기 위해 신앙의 뿌리인 미국 캘리포니아의 한 유대인 공동체를 방문했다.

그곳에서 목격한 광경은 나에게 깊은 깨달음을 주었다. 새벽 5시, 6시, 7시… 각자에게 맞는 시간에 회당으로 나와 기도하는 유대인들, 특히 할아버지, 아버지, 아들이 함께 기도하는 모습은 신앙의 진정한 모습을 보여주었다.

유대인들의 신앙생활은 결코 형식적이지 않다. 다윗의 고백처럼 '저녁과 아침과 정오에 내가 근심하여 탄식하리니'(시 55:17), 그리고 다니엘이 하루 세 번 예루살렘을 향해 기도했던 모습(단 6:10)을 따라, 그들은 샤하리트(새벽기도), 민하(낮기도), 마아리브(저녁기도)로 이어지는 기도의 전통을 수천 년 동안 이어왔다.

유대인들의 안식일 생활은 더욱 주목할 만하다. 모든 미디어를 차단하고, 불도 피우지 않으며, 일체의 일상적 활동을 멈춘다. '안식일에는 너희의 모든 처소에서 불도 피우지 말지니라'(출35:3)라는 말씀을 문자 그대로 실천하며, 하브루타 학습을 통해 '일'의 정의를 철저하게 규명한다. 두루마리 화장지를 미리 잘라 놓고, 엘리베이터는 자동으로 모든 층에 멈추도록 설정한다. 이렇게 세심한 준비와 실천을 통해 그들은 신앙을 삶의 중심에 두는 법을 배운다.

우리의 현실은 어떠한가?

대부분의 기독교 가정에서 신앙생활은 주일 하루로 한정된다. 그마저도 바쁜 일상을 핑계로 예배를 빠트리는 경우가 많다. 월요일부터 토요일까지는 세상의 가치관대로 살다가, 주일에만 잠시 하나님을 찾는 것이 우리의 모습이 아닐까?

우리 자녀들은 어떤가? 하루 6~8시간을 학교에서 보내며 전혀 다른 세계관을 배운다. 진화론이 사실로 가르쳐지고, 세속적 가치관이 당연한 것으로 받아들여진다. 이런 환경에서 주일 한 시간의 말씀으로 이 모든 것을 바로잡을 수 있을까?

만약 우리가 자녀들에게 성경적 기준을 제시하지 않는다면, 그들은 세상의 가치관에 휩쓸려 상대적 진리만을 받아들이게 될 것이다. 절대적 진리가 없는 세상에서 그들은 마치 나침반 없이 항해하는 배와 같은 처지가 될 것이다.

현대 사회는 스마트폰, 게임, 소셜 미디어 등 새로운 도전들로 가득하다. 이러한 미디어는 종종 왜곡된 가치관을 전파하며, 아이들의 사고방식과 행동에 부정적인 영향을 미친다. 이런 환경 속에서 부모의 역할은 더욱 중요해지고 있다.

교육의 본질을 살펴보면, 피아제는 개인의 인지 발달과 스스로 배우는 능력을 강조했고, 비고츠키는 사회적 상호작용과 협동을 통한 학습을 중요하게 여겼다. 그러나 우리나라의 교육 시스템은 대학 입시에 모든 것을 맞추고 있다. 학생들의 가치는 입학한 대학의 이름으로 평가되고, 그들의 실제 능력과 잠재력은 뒷전으로 밀리고 있다.

이러한 상황에서 유대인 어머니들의 자녀 교육 방식은 우리에게 중요한 교훈을 준다. 유대인 어머니들은 가정 안에서 깊은 영적 책임감을 가지고 있다. 예를 들어, 자녀들에게 해로운 영향을 미칠 수 있는 잡지의 내용을 하나하나 세심하게 검토하고, 자녀들의 옷이 성경적 기준에 맞는지 살피며, 이를 통해 가정의 거룩함을 지키고자 하는 철저한 신앙적 원칙을 실천한다.

특히 안식일 가정 예배에서 촛불을 켜는 역할을 어머니가 맡는 것은 매우 의미 있다. 이는 어머니가 영적으로 깨어 있어야 가정 전체가 영적으로 건강할 수 있다는 믿음의 표현이다. 유대인 여성들은 어머니가 되는 것을 인생의 중요한 사명으로 여긴다.

"커서 무엇이 되고 싶니?"라는 질문에 망설임 없이 "어머니가 되고 싶다"고 답하는 것은, 어머니의 역할이 단순한 사회적 지위가 아닌 영적인 사명으로 인식되기 때문이다.

우리 자녀들의 신앙이 주일에만 존재해서는 안된다. 하나님의 말씀이 그들의 삶 속에서 살아 움직이도록 하기 위해서는 신앙 교육이 지속적으로 이루어져야 한다. 바로 여기서 기독교 학교의 역할이 중요해진다.

한 학부모는 이렇게 고백했다.

"처음에는 주일학교만으로도 충분하다고 생각했어요. 하지만 아이가 자라면서 깨달았습니다. 일주일에 한 번의 신앙교육으로는 이 시대의 도전을 이겨내기 힘들다는 것을요."

기독교 학교는 단순한 대안이 아니다. 그것은 매일의 삶 속에서 말씀을 실천하는 법을 배우는 곳이며, 신앙과 학문이 하나로 통합되는 것을 경험하는 곳이다. 또한 믿음의 공동체 안에서 서로를 격려하고 성장하는 곳이다.

우리는 이제 다음과 같은 질문들을 진지하게 묻고 답해야 한다:

- 우리 가정의 신앙은 주일에만 존재하는가?

- 하나님의 말씀이 나의 삶 속에서 살아 움직이고 있는가?
- 나와 우리의 자녀들은 어디서 믿음의 본을 보고 자라고 있는가?

'마땅히 행할 길을 아이에게 가르치라. 그리하면 늙어도 그것을 떠나지 아니하리라'(잠 22:6)

이 약속의 말씀을 믿는다면, 지금이 바로 우리 자녀들을 위한 새로운 선택을 할 때이다. 주일학교만으로는 부족하다. 우리 시대는 더 철저하고 전인적인 기독교 교육을 요구하고 있다. 그리고 그 교육은 바로 지금, 여기서부터 시작되어야 한다.

결론적으로, 우리 시대의 기독교 교육은 세 가지 차원에서 동시에 이루어져야 한다.

첫째, 가정에서의 신앙교육이다. 유대인 가정에서 보았듯이, 부모가 먼저 신앙의 모범을 보이고 자녀들과 함께하는 예배와 기도의 시간을 가져야 한다. 특히 어머니의 영적 역할이 중요하다.

둘째, 교회에서의 교육이다. 주일학교는 여전히 중요하

지만, 그 내용과 방식을 심화할 필요가 있다. 단순한 성경 이야기 전달을 넘어, 이 시대의 도전들에 대한 성경적 관점과 대응 방안을 가르쳐야 한다.

셋째, 기독교 학교를 통한 교육이다. 전인적 교육이 가능한 기독교 학교는 세속적 가치관이 지배하는 이 시대에 매우 중요한 대안이 될 수 있다.

이 세 가지 교육의 장이 유기적으로 연결될 때, 우리 자녀들은 이 시대를 이겨내고 하나님의 나라를 확장하는 일꾼으로 성장할 수 있을 것이다. 우리에게 주어진 이 사명을 이제 더 이상 미룰 수 없다. 지금 바로, 우리 자녀들을 위한 전인적 기독교 교육을 시작해야 한다.

사회성과 공동체성의 이해

"우리 아이가 친구들과 잘 지낼 수 있을까요?"

"한 반에 친구가 몇 명이나 있나요?"

입학 상담에서 학부모들이 가장 자주 하는 질문이다. 특히 기독교 대안교육기관의 특성상 자녀의 사회성 발달을 우려하는 목소리가 크다. 하지만 여기서 한 가지 짚고 넘어가야 할 점이 있다. 과연 '사회성'이란 무엇이며, 우리 자녀들에게 진정으로 필요한 것은 무엇일까?

사회성의 학술적 정의는 '사회적 성숙과 타인과의 원만한 상호작용 능력, 다양한 사람과 긍정적인 관계를 형성하는 능력'이다. 현실적 관점에서는 '타인과 상호 존중하며 공존하면서 사회의 구성원으로 인정받을 수 있는 기술과 능력'이라고 할 수 있다. 그러나 아이들은 다양한 연령대가 어우러진 실제 사회가 아닌, 또래들만의 제한된 환경에서 사회성을 배우고 있다. 이러한 환경으로 인해 왜곡된 형태의 사회성이 형성되기도 한다.

한 학부모님과 나눈 이야기가 이를 잘 보여준다. 그분의 자녀는 일반 학교에서 '인기 있는 학생'이었다. 친구들과 잘 어울리고, 소위 사회성이 뛰어난 아이로 평가받았다. 그러나 부모님의 표정은 걱정스러웠다.

"아이가 친구들 눈치만 보며 지내요. 비싼 물건을 사달라고 조르고, 친구들의 행동을 맹목적으로 따라 하기 바쁘죠. 이게 과연 올바른 걸까요?"

또래들과 잘 어울리는 것은 분명 중요하다. 하지만 또래 중심의 관계는 대개 표면적이고 일시적이다. 상황이 변하거나 이해관계가 달라지면 쉽게 깨질 수 있는 것이 바로 이런 관계들이다. 남들에게 뒤처지지 않으려고 친구들의 기분에만 맞추고, 그들이 원하는 대로 행동하는 것이 과연 진정한 사회성일까? 가정 형편은 고려하지 않은 채 비싼 브랜드 옷을 사달라고 조르고, 값비싼 스마트폰과 액세서리로 허세를 부리는 행동이 올바른 사회성일까?

더욱 안타까운 것은 '다르다'는 이유로 배제되거나 '왕따'를 당할까 봐 두려워 자신의 생각을 제대로 표현하지 못하고 친구들의 눈치만 보는 모습이다. 이것이 과연 우리가 자녀들에게 가르쳐야 할 참된 사회성일까?

이런 환경에서 자란 아이들에게는 다음과 같은 문제가 생길 수 있다.

먼저, 가치관이 편향되기 쉽다. 비슷한 나이와 환경의 친구들과만 어울리다 보면 세상을 보는 시각이 협소해질 수 있으며, 다양한 연령과 배경을 가진 사람들과 교류할 기회가 적어지면서 자기중심적인 사고방식이 형성될 가능성이 크다.

또한 올바른 판단력을 기르기 어렵다. 또래 문화에 휩쓸려 무비판적으로 행동하거나 집단의 압력에 쉽게 굴복할 수 있다. '다들 하니까', '요즘 유행이니까'라는 말로 자신의 행동을 정당화하는 경우가 많아지고, 스스로 옳고 그름을 판단하는 능력이 약화될 수 있다.

성숙한 롤 모델을 찾기도 어렵다. 한 교사는 이렇게 말했다.

"또래끼리만 있다 보면, 아이들은 누구를 보고 배워야 할지 모릅니다. 유튜버나 연예인이 롤 모델이 되는 경우가 많죠. 하지만 이것이 과연 바람직한 성장의 방향일까요?"

아이들은 부모나 교사 같은 성숙한 어른과 교류하면서 삶의 지혜와 올바른 가치를 배워야 하지만, 또래 중심의 환경에서는 이런 배움이 제한될 수 있다.

더불어 갈등 해결 능력도 제대로 발달하지 않는다. 많은 학생이 갈등이 생기면 그저 피하거나 관계를 끊어버리는 것으로 대처한다. 이는 진정한 문제 해결이 아니다. 어려움을 대화로 풀어가고, 서로의 차이를 이해하며 조정하는 경험이 부족하면 성인이 되어서도 건강한 관계를 맺기 어려울 수 있다.

"그렇다면 우리 아이들에게 정말 필요한 것은 무엇일까?"

여기서 우리는 '공동체성'이라는 더 깊은 차원의 관계를 생각해야 한다. 공동체성은 단순히 어울리는 것을 넘어, 서로에 대한 깊은 이해와 책임, 같은 가치관을 공유하는 관계를 의미한다.

성경은 이런 공동체성에 대해 잘 보여준다.

'우리가 많은 사람이지만 그리스도 안에서 한 몸이요'(롬 12:5)

이는 단순히 함께 있는 것이 아니라, 서로가 서로에게 꼭 필요한 지체가 되는 관계를 말한다.

동탄기독학교는 공동체성을 실천하기 위해 다음과 같은 네 가지 특징을 지닌 체계적인 활동을 진행하고 있다.

첫째, 연령 통합을 통한 다층적 배움의 장을 조성한다. 수요일 예배에서는 고학년 학생들이 저학년의 찬양을 이끌고, 아침 큐티 시간에는 팀 리더로서 저학년의 영적 성장을 지원한다. 또한 고학년과 저학년이 협력해 프로젝트 학습을 진행하고, 전교생이 함께 학교 행사를 기획·운영한다. 이를 통해 학생들은 세대를 넘나드는 시각과 경험을 공유하며 공동체 의식과 사회성을 키운다.

둘째, 책임과 섬김의 가치를 실천하는 구체적인 역할을 부여한다. 학생들은 학급 임원, 행사 기획단, 봉사팀 리더 등으로 활동하며 자신의 역할에 최선을 다한다. 교실 청소, 친구 돌보기, 지역 사회 봉사 활동 등을 통해 '섬기는 리더십'의 의미를 체득한다. 이 과정에서 개인의 책임감은 공동체 발전의 기반이 됨을 깨닫게 된다.

셋째, 체계적인 의사소통 교육으로 갈등 해결 역량을 강화한다. 토론 수업과 모의 회의를 통해 합의 도출 방법을 배우고, 갈등 조정 역할극으로 문제 해결 기술을 연마한다. 특히 '학생 자치 위원회'에서는 다양한 의견을 수렴해 학교 규칙을 개선하는 등 실천적 소통 능력을 키운다.

넷째, 신앙적 롤 모델과의 교류로 자연스러운 영적 성장을 도모한다. 선후배 간 멘토링 프로그램을 운영하여 기도 생활, 성경 공부 방법 등을 전수받는다. 신앙 고민이 있는 학생은 교사나 선배의 경험을 듣고 극복해내며, 봉사 활동 시 현장 교사들의 헌신적 모습을 본받는다. 공동체 예배와 기도 모임은 이러한 성장을 지속시키는 토대가 된다.

이처럼 동탄기독학교의 공동체 활동은 통합→책임→소통→성장이라는 단계적 흐름 아래, 학생들로 하여금 이론과 실천, 개인과 공동체, 신앙과 일상이 조화된 삶을 추구하도록 이끈다.

'우리 아이들이 세상에 잘 적응할 수 있을까?'라는 걱정이 있을 수 있다. 하지만 이러한 공동체성을 통해 길러진 아이들은 세상에서 더 단단히 설 수 있다. 그들은 피상적인 관계가 아닌 진정한 관계의 의미를 알기 때문이다.

이것이 바로 우리가 추구하는 교육의 모습이다. 단순한 또래 집단의 사회성을 넘어 공동체성을 배우고 실천하며, 이를 통해 하나님 나라의 백성으로 자라나는 것. 이것이 우리가 추구하는 교육의 핵심이다.

공동체성은 시간이 걸리고 노력이 필요하다. 하지만 이것이야말로 우리 자녀들에게 정말 필요한 것이다. 세상의 기준이 아닌 하나님의 기준으로, 표면적인 성공이 아닌 영원한 가치를 추구하며, 서로를 세워주는 진정한 그리스도의 공동체. 이것이 바로 동탄기독학교가 이 시대에 실현하고자 하는 교육의 모습이다.

성경적 교육모델:
기독교 대안교육기관의 본질과 방향

자녀 교육을 고민하는 부모라면 한 번쯤 이런 질문을 해 보았을 것이다.

"우리 아이가 세상에서 성공할 수 있을까?"

이는 자녀를 둔 부모라면 누구나 품게 되는 자연스러운 고민이다. 대부분의 부모는 이 질문에 대한 답을 찾기 위해, 자녀들이 좋은 대학에 진학하여 안정적인 직장을 갖고 경제적으로 풍요로운 삶을 살 수 있도록 교육한다. 우수한 학업 성취도와 뛰어난 실력을 갖추는 것이 성공의 지름길이라 믿기 때문이다.

하지만 《My Positioning》의 저자 잭 트라우트는 '성공은 만남이다'라는 도전적인 정의를 내린다. 개인의 능력과 노력만으로는 넘을 수 없는 현실의 벽이 존재하기 때문이다. 예를 들어, 아무리 노력해도 부유한 가정환경이나 탄탄한 인맥을 가진 사람과의 경쟁에서는 한계가 있다.

또한 자신의 역량을 알아보고 인정해 주는 사람을 만나지 못한다면, 아무리 뛰어난 능력도 빛을 발하기 어렵다.

그렇다면 그리스도인으로서 우리가 추구해야 할 가장 중

요한 만남은 무엇일까? 그것은 바로 모든 복의 근원이신 하나님과의 만남이다. 성경은 하나님께서 우리에게 주시는 복에 대해 분명하게 약속하고 있다.

'이스라엘아 듣고 삼가 그것을 행하라 그리하면 네가 복을 받고 네 조상들의 하나님 여호와께서 네게 허락하심 같이 젖과 꿀이 흐르는 땅에서 네가 크게 번성하리라'(신 6:3)

따라서 우리가 진정으로 자녀들의 성공을 원한다면, 그들이 하나님을 인격적으로 만나고 깊이 알아갈 수 있도록 이끌어야 한다. 그렇다면 어떻게 하나님을 알 수 있을까? 그 답은 바로 성경에 있다. 성경은 세상의 교육과는 근본적으로 다른 관점을 제시하는데, 그 핵심은 하나님 중심의 교육이다. 이러한 교육적 패러다임의 전환은 단순한 교과과정의 수정이 아닌, 교육의 근본적인 재구성을 요구한다.

그러나 현재의 일반 교육과정에는 분명한 한계가 있다. 공교육 시스템에서는 성경적 가치관과 하나님 중심의 교육을 실현하기 어렵기 때문이다. 이러한 한계를 극복하기 위해 우리는 기독교 교육과 이를 실천할 수 있는 기독교 대안교육기관을 진지하게 고민해야 한다.

그러나 여기서 한 가지 중요한 점을 짚고 넘어가야 한다. 만약 기독교 교육이 단순히 QT(경건의 시간)를 갖고 예배드리며 제자 훈련을 받는 것만을 목적으로 한다면, 이는 가정에서도 충분히 가능한 일이다. 또한 우수한 학업 성취만을 추구한다면 특수목적고등학교나 일반 학교가 더 적합할 수 있다. 따라서 기독교 대안교육기관은 이러한 개별적 요소들을 넘어서는 통합적이고 본질적인 기독교 교육의 가치를 추구해야 한다.

이러한 교육의 성경적 모델을 우리는 아브라함에게서 발견할 수 있다.

> '내가 그로 그 자식과 권속에게 명하여 여호와의 도를 지켜 의와 공도를 행하게 하려고 그를 택하였나니'(창 18:19)

이를 바탕으로 우리는 다음과 같은 7가지 핵심 가치를 추구한다:

1. 하나님의 말씀으로 사는 삶의 교육

'사람이 떡으로만 살 것이 아니요 하나님의 입으로부터 나오는 모든 말씀으로 살 것이라'(마 4:4)

2. 영적 승리의 교육

'세상에서는 너희가 환난을 당하나 담대하라 내가 세상을 이기었노라'(요 16:33)

3. 하나님이 주시는 복의 교육

'이삭이 그 땅에서 농사하여 그 해에 백 배나 얻었고 여호와께서 복을 주시므로'(창 26:12)

4. 탁월성을 추구하는 교육

'네 하나님 여호와께서 너를 세계 모든 민족 위에 뛰어나게 하실 것이라'(신 28:1)

5. 영적 분별력을 기르는 교육

'너희는 이 세대를 본받지 말고 오직 마음을 새롭게 함으로 변화를 받아 하나님의 선하시고 기뻐하시고 온전하신 뜻이 무엇인지 분별하도록 하라"(롬12:2)

6. 하나님의 리더십을 배우는 교육

'여호와께서 너를 머리가 되고 꼬리가 되지 않게 하시며' (신 28:13)

7. 거룩함을 추구하는 교육
'너희가 거룩하게 될지어다 이는 나 여호와가 거룩함이니라' (레 20:26)

이러한 성경적 교육은 다음과 같이 실천된다:

1. 통합적 교육과정
 - 모든 교과를 성경적 관점에서 해석
 - 과학에서는 창조주의 지혜를
 - 역사에서는 하나님의 섭리를
 - 문학에서는 인간의 본성과 구원의 필요성을 발견

2. 명확한 교육목표
 - '성공한 사람'이 아닌 '거룩한 사람'을 키움
 - 세상과 구별된 삶을 추구

3. 실천적 말씀 교육

- '모든 성경은 하나님의 감동으로 된 것으로… 하나님의 사람으로 온전하게 하며 모든 선한 일을 행할 능력을 갖추게 하려 함이라'(딤후 3:16~17)

기독교 대안교육의 궁극적인 목적은 하나님께서 축복하시는 참된 하나님의 사람을 양성하는 것이다.

'내가 너로 큰 민족을 이루고 네게 복을 주어 네 이름을 창대하게 하리니 너는 복이 될지라' (창 12:2)

우리는 이러한 성경적 교육을 통해 이 시대를 분별하고 세상의 빛과 소금이 될수 있는 참된 그리스도인을 양성하고자 한다. 이것이 기독교 대안교육기관이 나아가야 할 방향이며, 우리가 믿음으로 도전해야 할 과제이다.

신앙전수의 필요성

복음을 전하는 방법에는 두 가지가 있다. 다른 사람에게 전하는 '전파'와 자녀들에게 물려주는 '전수'다. 지금까지 기독교는 주로 복음 전파에 힘써왔다. 그러나 아이러니하게도 전파를 통해 그리스도인이 늘어나는 것이 아니라 오히려 줄어드는 것이 세계적 추세가 되고 있다. 이는 우리에게 새로운 접근방식의 필요성을 시사한다.

우리가 다음 세대를 세우지 않는다면, 한국 교회도 머지않아 유럽의 교회처럼 텅 빈 예배당을 보게 될 것이다.

유럽의 웅장한 교회들이 관광 명소로 전락한 것이 이러한 현실을 잘 보여준다. 한때 찬송 소리로 가득 찼던 예배당들이 오늘날에는 더 이상 신앙의 공간이 아닌, 단순한 건축물로만 남아있다. 수백 년 동안 기독교의 중심지였던 유럽의 이러한 변화는 전파 중심의 선교가 가진 한계를 명확히 보여준다.

반면, 전수의 방법을 고수해 온 유대인들의 모습은 매우 다르다. 기원전 1450년 경 하나님으로부터 받은 율법을 현재까지 약 3,500년 동안 변함없이 지켜오고 있다. 서기 70년 로마에 의해 나라를 잃고 전 세계에 흩어져 살게 되었지만, 그들은 1948년 이스라엘을 재건할 때까지 1,878년간 자신들의 신앙과 정체성을 잃지 않았다. 오늘날에도 유대민족의 절반 가까이가 유대교를 지키고 있다. 이것이 바로 신앙 전수의 힘이다. 그들은 극심한 박해와 디아스포라의 고난 속에서도 신앙을 지켜낼 수 있었다.

한국 교회는 지난 수십 년간 해외 선교에 온 힘을 기울여왔다. 아프리카와 동남아시아의 척박한 땅에 우물을 파고, 학교와 교회를 세우는 일이 계속되었다. 선교사들은 자신의 모든 것을 바쳐 복음을 전파했고, 이를 통해 많은 영혼들이 구원을 받았다. 이처럼 해외 선교 사역도 중요하지만, 정작 우리의 자녀들, 즉 한국 교회의 다음 세대는 그동안 서서히 교회에서 멀어져 갔다. 이는 우리가 전파에만 집중한 채 전수를 소홀히 한 결과다.

이런 의미에서 유대인 가정의 신앙 전수 방식은 우리에게 큰 교훈을 준다. 그들은 매주 안식일을 지키며, 부모가 자녀들과 함께 식탁에 둘러앉아 토라를 읽고 하나님의 말씀을 묵상한다.

2,000년이 넘는 역사 속에서도 이 전통은 변함없이 이

어져 왔다. 세대가 바뀌고 문화가 변해도 그들은 자녀에게 신앙을 전수하기 위해 세속적인 문화를 거부했다. 이처럼 신앙을 가정에서부터 철저히 가르치는 것이 유대 민족이 정체성을 유지할 수 있었던 비결이다. 그들에게 있어 신앙은 단순한 종교가 아니라 삶의 방식이었다.

미국의 기독교 교육은 또 다른 신앙 전수의 중요한 사례를 보여준다. 1960년대 공립학교에서 성경과 기도가 금지되자, 기독교 지도자들과 부모들은 자녀들의 신앙 교육을 위한 대안을 적극적으로 모색했다. 그 결과 기독교 학교들이 설립되고, Bob Jones나 A Beka, SOT와 같은 기독교 교육 교재가 개발되었으며, 많은 부모가 자녀들을 홈스쿨링이나 기독교 학교에 보내게 되었다. 이는 세속적 교육에 맞서 신앙을 지키려는 실천적인 노력이었다.

특히 오늘날 공교육이 하나님의 존재를 부정하거나 외면하고, 진화론을 가르치며 인간이 우연한 진화의 산물이라고 주장하는 상황에서, 이러한 교육적 대안은 더욱 중요한 의미를 지닌다.

창조주 하나님의 계획 속에서 창조된 인간이라는 성경적

진리를 가르치기 위해서는 체계적인 기독교 교육이 필수적이기 때문이다.

그러나 한국의 기독교 가정에서는 자녀들의 기독교 교육에 대한 관심이 상대적으로 낮은 실정이다. 많은 기독교 부모가 자녀들의 신앙 교육보다는 세속적 성공을 위한 교육에 더 큰 비중을 두고 있으며, 이는 목회자 가정에서도 예외가 아니다. 이러한 모습은 미국의 기독교인들이나 유대인들이 보여준 자녀 신앙 교육에 대한 헌신과는 대조적이다.

이제 한국의 기독교 가정에서도 자녀들의 신앙 교육에 더 많은 관심을 가져야 할 때이다. 세속적 성공만을 쫓는 교육이 아닌, 자녀들이 하나님의 자녀로 올바르게 성장할 수 있도록 돕는 기독교 교육이 절실히 필요하다. 이는 단순히 선택의 문제가 아닌, 앞서 살펴본 것처럼 우리의 신앙을 다음 세대에 전수하기 위한 필수적인 과제이다.

복음 전파도 중요하지만, 이제는 신앙 전수에도 동일한 열정을 쏟아야 할 때이다. 교회와 학교와 가정이 하나 되어 다음 세대에게 성경적 가치관을 심어주는 일에 힘써야 한다. 만약 우리가 지금 다음 세대에게 신앙을 전수하지 못한다면, 한국 교회는 유럽의 전철을 밟게 될 것이다. 그러나 우리가 전수의 중요성을 깨닫고 이를 실천한다면, 다음 세대는 이 시대의 어둠 속에서 빛을 비추는 하나님의 일꾼으로 자라날 것이다.

우리는 지금 중요한 선택의 기로에 서 있다. 전파만을 강조하다 다음 세대를 잃을 것인가, 아니면 유대인들이 수천 년간 지켜온 것처럼 신앙의 전수를 통해 믿음의 유산을 이어갈 것인가?

우리의 선택이 한국 교회의 미래를 좌우할 것이다. 전파와 전수가 균형을 이룰 때, 비로소 우리는 참된 하나님 나라의 확장을 이룰 수 있을 것이다.

미래를 여는
참된 교육

"공교육을 떠나 대안교육기관을 다닌다면 우리 아이가 과연 이 치열한 세상에서 살아남을 수 있을까요?"

"공교육에서 하는 것처럼 입시 준비 교육을 하지 않는데 어떻게 대학에 진학할 수 있을까요?"

많은 학부모가 이런 고민을 안고 있다. 단순히 좋은 대학 진학이 인생의 성공을 보장하지 않는다는 것을 알면서도, 현실적인 대안을 찾지 못해 방황하고 있다. 공교육이라는 '안전한 길'을 벗어난다는 것은 그 자체로 불안감과 두려움을 불러일으킨다. 마치 미지의 세계로 들어가는 것처럼 느껴진다.

그렇다면 아이들이 진정으로 미래에 대비하고 당당히 사회로 나아갈 수 있는 힘을 갖추려면 어떤 교육이 필요할까?

동탄기독학교는 이 질문에 대한 분명한 답을 가지고 있다. 우리는 단순히 지식을 전달하거나 시험 성적을 높이는 것이 아니라, 학생들이 스스로 생각하고 문제를 해결할 수 있는 능력을 키우는 데 중점을 둔다. 우리 교육의 핵심 철학은 '물고기를 잡아주는 것이 아닌, 낚시하는 법을 가르치는 교육'이다. 이는 단순한 비유가 아닌, 우리 교육의 본질을 보여주는 핵심 가치다.

낚시하는 법을 배우는 학생들은 더 이상 누군가에게 의존하지 않는다. 그들은 인내심, 창의성, 그리고 상황에 맞는 판단력과 같은 삶의 중요한 기술들을 익히며, 스스로 목표를 세우고 계획을 수립하여 그것을 이루기 위해 필요한 지식을 찾아 배운다. 이는 단순히 시험을 위해 공부하는 것이 아니라, 자기 삶의 방향을 설정하고 실현하는 과정 자체를 배우는 것이다.

"그렇다면 구체적으로 어떤 교육이 이루어지나요?"

우리의 교육 현장을 살펴보자. 한 동아리에서는 학교 급식의 잔반 문제를 해결하기 위한 프로젝트를 진행했다. 학생들은 단순히 교과서를 읽고 암기하는 것이 아니라, 실제 문제를 마주하고 해결책을 찾아 실천했다.

4학년 과학 시간의 '라디오 만들기' 프로젝트는 또 다른 좋은 예시다. 교과서의 이론을 단순 암기하는 대신, 실제

라디오의 작동 원리를 이해하고 직접 조립하는 과정을 통해 과학적 사고력을 키웠다.

과학동아리의 유체 흐름 실험 실패 사례도 의미 있는 교육의 장이 되었다. 실패를 숨기거나 부정적으로 보는 대신, 그 과정에서 배운 점을 분석하고 발표하는 기회로 삼았다. 실패를 통해 배우는 것, 이것이 바로 진정한 교육이다.

"이렇게 수업하면 입시는 어떻게 준비하나요?"

이것이 바로 우리 학교의 차별화된 강점이다. 입시는 인생의 한 과정일 뿐, 전부가 아니다. 우리는 입시 준비와 실질적인 미래 역량 개발을 동시에 이루어낸다.

한 졸업생은 이렇게 말한다.

"처음에는 걱정했어요. 하지만 프로젝트 학습, 독서 활동, 토론 수업을 통해 오히려 더 깊이 있게 공부하게 됐어요. 암기한 내용은 금방 잊어버리지만, 스스로 연구하고 발견한 내용은 절대 잊히지 않더라고요."

동탄기독학교의 교육은 세 가지 핵심 가치를 중심으로

이루어진다.

첫째, 자기 주도적 학습 능력 개발이다. 교사는 답을 주는 사람이 아니라, 학생들이 스스로 답을 찾아갈 수 있도록 돕는 조력자다.

"왜 그렇게 생각하니?"라는 질문 하나하나가 학생들의 사고력을 키운다.

둘째, 실전적 문제해결 능력 훈련이다.

창업 프로젝트, 환경 캠페인, 지역사회 봉사활동 등 다양한 실전 경험을 통해 실제 문제를 해결하는 능력을 기른다.

셋째, 개인의 잠재력과 재능 계발이다.

모든 학생이 똑같은 방식으로 배울 필요는 없다. 각 학생의 고유한 능력과 관심사를 존중하며, 맞춤형 교육을 제공한다.

"구체적으로 어떤 프로그램들이 운영되고 있나요?"

우리는 미국 ACE의 'School of Tomorrow' 교재를 활용한 자기주도 학습과 하브루타 교육을 통해 실전적 문제 해결 능력을 배양한다. 졸업생들의 경험이 이를 증명한다.

"대학 토론 수업에서 다른 학생들은 자기 생각을 표현하는 것을 어려워했지만, 우리는 초등학교 때부터 이런 훈련을 해와서 자연스러웠어요."

또 다른 졸업생은 이렇게 말한다.

"대학에서 하는 모든 활동이 우리가 학교에서 했던 것과 매우 유사해요. 책을 읽고 리포트를 작성하는 것부터 토론과 발표까지, 모든 것이 익숙해서 자신감이 있었어요."

동탄기독학교는 단순한 교육 기관이 아니다. 이곳은 미래를 준비하는 훈련의 장이며, 자립적인 인재를 양성하는 곳이다.

"우리 아이의 미래를 어떻게 준비해야 할까요?"

답은 명확하다. 진정한 교육은 단순히 지식을 전달하는

것이 아니라, 삶의 지혜를 가르치는 것이다. 우리는 학생들이 시험 점수가 아닌, 자신의 잠재력을 최대한 발휘하며 성장할 수 있도록 돕는다.

당신의 자녀가 미래 사회의 진정한 리더로 성장하기를 원한다면, 동탄기독학교의 문을 두드려 보라. 이곳에서 단순한 지식이 아닌, 평생의 자산이 될 '배움의 방법'을 익히게 될 것이다.

'가르치라 그리하면 네가 배우리라'는 말처럼, 우리는 학생들과 함께 배우며 성장한다. 이것이 바로 동탄기독학교가 지향하는 교육의 본질이며, 우리가 이 땅에 세워진 이유이다.

학부모 이야기 1

하나님이 주신 가정,
하나님이 인도하신 학교

우리 집은 늘 웃음이 넘칩니다. 성아가 피아노를 치면 우리 셋은 손잡고 빙글빙글 돌며 춤을 추곤 합니다. 중학교 2학년 아이가 있는 집이라고 믿기지 않을 만큼 밝고 화목한 분위기죠.

처음부터 이랬던 것은 아니다. 하나님 앞에서 기도하며 가정의 모습이 조금씩 변화되었고, 그 은혜의 증거로 우리는 동탄기독학교를 만나게 되었습니다.

성아는 처음에는 일반 초등학교를 다녔습니다. 그러다 교회에서 만난 한 분의 소개로 동탄기독학교를 알게 되었죠. 마침 그즈음 성아가 교회 수련회에서 은혜를 받고 "매일 예배드리고 싶다"고 했었는데, 이 학교라면 그 소망이 이루어질 수 있다고 생각했습니다.

남편은 처음에는 반대했습니다. "왜 특별한 길을 가려고 하냐, 그냥 안정적으로 가자"라며 걱정했죠. 하지만 아이가 너무나 좋아하는 모습을 보며 결국 동의하게 되었습니다. 성아는 1학년 2학기부터 이 학교로 전학을 왔고, 첫날부터 "엄마, 이 학교는 교회예요!"라며 기뻐했습니다.

요즘 많은 기독교 학교가 있지만, 우리 학교처럼 철저한 곳은 드뭅니다. 특히 스마트폰 사용을 완전히 차단하는 것은 우리 학교만의 특징입니다. 처음에는 걱정도 되었지만, 이는 오히려 축복이었습니다. 성장기 아이들의 뇌 발달을 위해서는 이런 환경이 꼭 필요하다는 것을 나중에 알게 되었죠.

매일 아침 예배로 시작되는 하루, 수업 전의 기도문 암송, 제자 훈련까지… 이런 교육은 주일 하루 교회에 가는 것과는 비교할 수 없는 영향력을 발휘합니다. 이런 모습들을 보며 나는 매일 하나님께 감사드립니다.

성아는 요즘도 자주 나를 도와줍니다. 내가 바쁠 때면 자신의 일을 미루고 집안일을 돕죠. 하나님께서 주시는 좋은 성품을 가질 수 있도록 도움을 준 학교에 감사드립니다.

많은 사람이 기독교 학교를 다니면 아이가 세상에 잘 적응하지 못할 것이라 생각합니다. 그렇지 않습니다. 오히려 믿음의 뿌리를 더욱 단단히 내려 진정한 리더가 될 것이라고 저는 확신합니다.

하나님께서 우리 가정을 사랑하셔서 이런 좋은 학교로 인도해 주신 것에 감사드립니다. 앞으로도 우리 아이가 흔들리지 않는 믿음의 자녀로 자라나길, 그리고 더 많은 아이들이 이러한 교육의 축복을 누릴 수 있기를 소망합니다.

학부모 이야기 2

믿음으로 선택한
우리 아이들의 학교

"일주일만이라도 와서 직접 체험해 보세요."

저는 이렇게 말하곤 합니다. 네일샵을 운영하면서 만나는 많은 손님들이 우리 아이들의 학교에 대해 물어보십니다. 그때마다 저는 확신을 가지고 답합니다. 이런 확신을 갖게 된 이유를 나누고 싶습니다.

저도 처음에는 망설였습니다. 일반 학교가 아닌 기독교 대안학교를 선택한다는 것이 쉽지 않았습니다. 경제적인 부담도 있었고, 아이들의 미래에 대한 걱정도 있었습니다. 하지만 한 지인의 자녀를 보면서 마음이 움직였습니다.

다른 아이들은 휴대폰을 보고 있을 때, 그 아이는 항상 책을 읽고 있었습니다.

이 작은 관찰이 우리 가정의 큰 결정으로 이어졌습니다. 하나님 안에서 사춘기를 보내는 것만큼 중요한 것은 없다고 생각하게 되었기 때문입니다. 결국 남편과 저는 비용 문제보다 아이들의 가치관 형성에 더 큰 우선순위를 두기로 결정했습니다.

변화는 생각보다 빨리 찾아왔습니다. 전에는 유튜브를 자주 보던 우리 아이들이 이제는 책을 읽기 시작했고, 일주일 만에 "어머니, 아버지"라고 부르기 시작했습니다. 저 역시 학창 시절에 스마트폰으로 안 좋은 것들을 많이 경험해봤기 때문에, 아이들은 그러지 않았으면 했습니다.

우리 가정에서는 존중과 소통을 매우 중요하게 생각합니다. 부부간에 갈등이 있더라도 아이들 앞에서 화해하는 모습을 보여주려 노력합니다. 이런 가정의 모습이 학교 교육과 만나면서 아이들의 성장이 더욱 빛을 발하는 것 같습니다.

물론 규모가 작은 학교라는 점이 때로는 걱정되기도 합니다. 하지만 저는 이제 이해합니다. 작은 규모이기에 교사들이 각 학생을 더 깊이 이해하고 돌볼 수 있다는 것을요. 우리 아이들이 만드는 긴밀한 관계들을 보면서, 이 또한 하나의 축복이라고 생각하게 되었습니다.

저는 이제 자신 있게 말씀드릴 수 있습니다. 동탄기독학교는 단순한 교육기관이 아닌, 우리의 가치관과 믿음이 실현되는 곳이라고요. 많은 분이 체험학습 일주일 동안 다니던 학원을 빠져야 한다고 걱정하십니다. 하지만 '동탄기독학교에서는 이런 교육을 한다'는 것을 직접 경험하시면, 그 걱정이 얼마나 불필요한 것이었는지 알게 되실 겁니다.

학부모 이야기 3

하나님과의 줄다리기

- **하나님과의 선택**

 다른 기독교 대안학교들도 살펴보았지만, 우리는 동탄기독학교를 선택했습니다. 심지어 집 바로 앞에도 학교가 있지만, 멀리 있는 동탄기독학교를 선택했습니다. 일부 학교들이 일반 교과서를 그대로 사용하거나 절충하는 것과 달리, 이곳은 처음부터 끝까지 하나님 중심이었기 때문입니다. 우리 아이가 하나님의 관점으로 세상을 보는 법을 배웠으면 좋겠다는 마음이 컸습니다.

영적인 줄다리기

처음에는 많은 고민이 있었습니다. 공교육을 포기한다는 두려움, 경제적 부담, 그리고 아이의 미래에 대한 걱정까지… 마치 하나님과 줄다리기하는 것 같았습니다.

"내 자녀를 온전히 하나님께 맡길 수 있는 그런 믿음… 그리고 그 믿음은 반드시 열매를 맺습니다."

이 줄다리기에서 내려놓음을 선택했을 때, 오히려 더 큰 자유와 평안이 찾아왔습니다. 하나님께서는 우리의 선택을 통해 예상하지 못했던 더 큰 계획을 보여주셨습니다.

마치 '요게벳의 노래'처럼 저희는 아이를 하나님께 맡기고자 했습니다, 그리고 그 결과는 예상 밖이었습니다.

- **함께 가는 동역자들**

"와서 직접 체험해 보세요."

처음엔 외로운 선택처럼 보였지만, 이곳에는 함께 가는 동역자들이 있습니다. 매주 모여 아이들을 위해 기도하는 어머니들, 점심시간까지 할애하며 아이들을 돌보시는 선생님들…. 이것은 단순한 교육이 아닌 사역이었습니다. 일반 학교였다면, 우리 아이의 부족한 점을 선생님이 일일이 신경 쓰고, 발견하고 키워줄 수 있었을까요? 불가능하거나, 가능했더라도 아주 늦지 않았을까 싶습니다.

5년째, 매주 금요일마다 어머님들이 모여서 기도하고 있습니다. 저는 한 주도 쉬지 않을 정도로 이 시간을 기다립니다. 한 어머니는 이렇게 고백합니다.

"일반 학교에서는 절대 정보를 공유하지 않아요. 하지만 이곳에서는 서로를 경쟁자가 아닌 동역자로 봅니다."

- **열매를 맺다**

우리의 선택은 놀라운 변화를 가져왔습니다. 은유는 이제 하나님의 관점으로 세상을 바라보며, 스스로 좋은 습관을 만들어가고 있습니다. 더 놀라운 것은 이 영향이 동생에게도 미치고 있다는 것입니다.

"이제는 확신할 수 있습니다. 이 선택이 우리 가정에 주신 가장 큰 선물이었다고."

어느 날 아이가 말했습니다.

"하루에 4시간씩 독서하고 싶어요."

많은 친구들이 틈만 나면 스마트폰만 하는 것과는 달리, 은유는 집에 오면 바로 스마트폰을 끕니다. 그리고 책을 읽는데, 이를 본 여동생도 똑같이 그림책을 읽습니다.

저희 부부와 은유는 함께 특별새벽기도회나 금요철야기도회를 갑니다. 하지만, 사정이 있어 못 가는 날에도 은유는 혼자서라도 참석합니다.

교회에서 신앙을 책임지기는 어렸습니다. 1주일에 1번만 가는데 어쩌면 당연하죠. 학교처럼 큰 영향을 줄 수는 없습니다. 그래서 우리는 동탄기독학교를 선택했습니다.

저희는 단기선교에 대한 마음도 있는데, 그 단기선교보다 더 중요한 것이 학교 교육이라고 생각합니다.

많은 분이 기독교 대안학교를 선택하는 것을 망설이십니다. 그러나 이것은 단순한 교육 방법의 선택이 아닌, 우리의 가치관과 믿음의 여정에 대한 선택입니다. 그리고 이 여정에서 우리는 결코 혼자가 아닙니다.

하나님과의 줄다리기에서 하나님을 선택했을 때, 예상치 못한 더 큰 축복이 기다리고 있었습니다. 이제 우리 가정은 단순히 교육을 넘어, 하나님께서 주신 더 큰 비전을 향해 나아가고 있습니다.

> 너의 삶의 참 주인
> 너의 참 부모이신
> 하나님 그 손에
> 너의 삶을 맡긴다
> 너의 삶의 참 주인
> 너를 이끄시는 주
> 하나님 그 손에
> 너의 삶을 드린다.
> - 요게벳의 노래

학부모 이야기 4

자녀와 함께 찾은
신앙의 길

 아이를 갖는 것이 어려웠던 시기가 있었습니다. 그때 처음으로 깨달았습니다. 제가 아무리 열심히 해도 안 되는 것이 있다는 것을. 그것이 저의 출발점이었습니다. 당연히 결혼하면 아이를 갖고, 평범한 삶을 살 것이라 생각했지만, 첫 아이를 갖는 과정은 생각보다 훨씬 험난했습니다.

 힘든 과정 끝에 얻은 첫째는 기질적으로 예민한 아이였습니다. 태어나서부터 엄마와 떨어지지 않으려 했고, 육아 서적에서 말하는 시간표대로 움직이는 것이 불가능했습니다. 처음에는 책에서 배운 대로 아이를 키우려 노력했습니다. 정해진 시간에 맞춰 먹이고 재우고, 분리 수면을 시도 했지만 모든 것이 실패로 돌아갔습니다. 결국 저는 모든 것을 내려놓고 아이를 제 품에서 키우기로 결심했습니다.

그때부터 저는 진정한 질문을 하기 시작했습니다. 제가 생각하는 가장 좋은 방법으로 이 아이를 키워 좋은 대학에 보내고 부자가 되게 하는 것이 최선일까요? 제가 이 아이에게 바라는 것은 무엇일까요? 고민 끝에 깨달은 것은 단 하나였습니다. 이 아이가 저처럼 인생의 어려운 시기가 왔을 때, 하나님을 찾을 수 있는 사람으로 자라야 한다는 것이었습니다.

그 깨달음은 자연스럽게 교육 방식의 전환으로 이어졌습니다. 말씀 암송을 시작했고, 가정 예배도 드리기 시작했습니다. 하지만 아이가 자라면서 더 체계적인 교육의 필요성을 느꼈습니다. 그러던 중 알게 된 곳이 동탄기독학교였습니다. 작은 교회 건물에 위치한 이 학교는, 선교원이라는 이름을 사용하는 것부터가 특별했습니다. 상담을 받으면서 학교의 철학을 들었을 때, 제가 찾던 바로 그곳이라는 확신이 들었습니다. 부모가 한 발짝 물러서서 서포트만

하는 것이 아니라, 주체적으로 자녀를 이끌어주고 코칭할 수 있는 곳. 그것도 성경적인 테두리 안에서.

이 학교의 가장 큰 특징은 규칙적인 생활 루틴입니다. 아이들은 학교에서 배움을 마치고 집에 오면, 정해진 시간에 책을 읽고, 예배를 드리고, 취침 준비를 합니다. 처음에는 이런 규칙적인 생활이 부담스러울 수 있지만, 시간이 지나면서 이것이 얼마나 소중한 선물인지 깨닫게 됩니다. 특히 스마트폰 사용을 제한하는 학교의 방침은 처음에는 논란이 되기도 했지만, 지금은 그것이 얼마나 현명한 선택이었는지 알 수 있습니다.

교육의 핵심은 가정과 학교의 일치입니다. 학교는 정기적으로 부모 교육을 실시하며, 이를 통해 부모들은 자녀 교육의 방향성을 함께 고민하고 배워갑니다. 때로는 이 과정이 쉽지 않습니다. 세상의 기준으로 보면 불리해 보일 수도 있습니다. 하지만 우리는 '너희는 먼저 그의 나라와 그의 의를 구하라'는 말씀처럼, 하나님의 방법을 선택했고, 그 안에서 모든 것이 더해지는 것을 경험하고 있습니다.

지금 우리 아이들은 학교에서 배운 것들을 삶에서 자연

스럽게 실천하고 있습니다. 매일 성경을 읽고, 삶의 크고 작은 일들을 하나님과 연결 지어 생각합니다. 이것이야말로 제가 바라던 진정한 교육의 모습입니다. 세상의 성공을 좇지 않되 하나님 안에서 진정한 성공을 이루는 것. 그것이 우리 가정이 선택한 교육의 길이며, 그 선택에 대해 날마다 감사하고 있습니다.

에필로그

하나님 안에서의 교육과 가정

이 책을 마무리하며, 우리는 다시 한번 우리 인생의 중요한 질문으로 돌아가 보길 원합니다. 과연 우리는 무엇을 위해 살아가고 있는가? 그리고 우리의 자녀들은 어떤 길을 걸어가길 원하는가? 이 질문에 대한 답을 찾는 여정은 결코 쉽지 않습니다. 그러나 우리에게는 한 가지 확실한 지침이 있습니다. 바로 하나님께서 우리에게 주신 진리와 사랑의 말씀입니다.

이 책을 쓰는 동안, 나는 계속해서 한 가지 장면을 떠올렸습니다. 유럽의 텅 빈 교회당들이 관광지로 변해버린 모습입니다. 한때 찬송이 울려 퍼지던 그곳에서 더 이상 예배가 드려지지 않는다는 사실이 우리에게 주는 교훈은 무엇일까요? 신앙이 다음 세대에게 전수되지 않으면, 아무리 웅장한 건물도 결국 빈 껍데기가 됩니다. 그러나 우리에게는 여전히 희망이 있습니다.

하나님께서 우리를 포기하지 않으시고, 우리가 그분의 길을 따를 때 우리를 축복해 주신다는 확신이 있기 때문입니다.

- **동탄기독학교에서의 변화**

지난 18여 년간 동탄기독학교를 운영하면서, 나는 놀라운 변화들을 목격했습니다. 처음에는 스마트폰을 내려놓는 것조차 힘들어하던 학생들이 이제는 책을 즐기게 되었고, 예배를 귀찮아하던 아이들이 자발적으로 기도하는 모습을 보게 되었습니다. 성적 경쟁만을 알던 학생들이 서로를 배려하고 돕는 법을 배웠으며, 부모와의 관계도 회복되었습니다. 이러한 변화는 결코 우연이 아닙니다. 이는 하나님의 방법으로 교육할 때 나타나는 자연스러운 열매입니다. 이런 열매들이 가정과 학교, 교회 공동체 안에서 조금씩 열리며 하나님의 살아계심을 증거하고 있습니다.

성경은 '마땅히 행할 길을 아이에게 가르치라 그리하면 늙어도 그것을 떠나지 아니하리라'(잠 22:6)고 말씀합니다. 이 말씀은 단순히 교육 방법론에 관한 지침이 아닙니다. 이는 하나님께서 우리에게 주신 약속이며, 우리가 그 약속에 신실하게 응답할 때 하나님은 우리의 자녀들을 지켜주실 것이라는 보증입니다. 우리의 작은 믿음의 씨앗이 시간이 흐르면서 아이들의 삶에서 놀라운 변화를 만들어 내고 있음을 경험할 때마다, 우리는 더욱 확신하게 됩니다.

- **가정에서의 신앙 교육**

이 책에서 다룬 모든 이야기와 교훈들은 단지 지식이나 방법론의 나열이 아닙니다. 그것은 우리가 삶 속에서 하나님께서 주신 소명을 깨닫고, 자녀들을 그분의 뜻에 맞게 양육하기 위한 진심 어린 노력의 결과물입니다. 우리는 가정이라는 작은 공동체 안에서 하나님의 사랑을 나누고, 그 사랑을 우리 아이들에게 전하는 것을 가장 큰 사명으로 여기고 있습니다.

가정에서 이루어지는 신앙 교육은 일상에서의 작은 순간들을 통해 이루어집니다. 아침 식사 시간에 나누는 짧은 기도, 저녁에 함께 읽는 성경 이야기, 아이들이 하루 동안 경험한 일들에 대해 나누며 하나님께 감사하는 시간들이 쌓여 아이들의 신앙을 형성하게 됩니다.

우리의 자녀들은 이 세상에서 많은 도전과 시험을 마주할 것입니다. 세상의 가치관은 변하고, 문화는 빠르게 변화하며, 때로는 우리의 신앙과 충돌할 때도 있을 것입니다. 그러나 우리는 희망을 가질 수 있습니다. 우리가 가정에서 심은 믿음의 씨앗은 결코 헛되지 않기 때문입니다. 그 씨앗은 아이들의 마음에 뿌리를 내리고, 그들을 진리의 길로 인도하는 나침반이 되어줄 것입니다. 우리의 아이들이 하나님 안에서 자신들의 정체성을 확립하고, 세상의 혼란 속에서도 흔들리지 않는 믿음을 가질 수 있도록 돕는 것이 우리의 사명입니다.

- **부모의 역할과 헌신**

우리 자녀들이 단순히 세상의 성공을 쫓는 사람이 아닌, 하나님의 사람으로 자라나길 원하는가? 그들이 세상의 가치관에 휩쓸리지 않고, 하나님의 뜻을 분별하는 지혜를 갖게 되길 원하는가? 그렇다면 지금이 바로 변화를 시작할 때입니다. 이 변화를 위해서는 부모님의 헌신과 기도가 필수적입니다. 부모는 자녀의 첫 번째 선생님이자 가장 중요한 신앙의 본보기입니다. 부모의 사랑과 헌신은 아이들에게 하나님의 사랑을 실질적으로 경험하게 합니다.

- **기독교 대안학교의 중요성**

기독교 대안학교는 단순한 교육 기관이 아닙니다. 이는 우리 자녀들이 하나님의 사람으로 자라나도록 돕는 거룩한 훈련의 장이며, 다음 세대를 위한 희망의 방주입니다. 한 사람의 변화가 한 가정을 변화시키고, 한 가정의 변화가 교회를 변화시키며, 그 변화는 결국 우리 사회 전체를 변화시킬 것입니다. 이러한 변화는 작은 실천에서 시작됩니다. 부모가 자녀와 시간을 보내며 하나님의 말씀을 나누고, 함께 기도하고 예배드리는 일상에서 비롯되는 것입니다.

- **함께하는 공동체의 힘**

이제, 이 여정은 혼자 걸어가는 길이 아닙니다. 우리는 교회와 공동체, 그리고 서로의 기도와 격려가 필요합니다. 혼자서는 지치고 무거울 수 있는 짐도, 함께 나누면 가벼워지고, 그 안에서 기쁨을 발견하게 됩니다. 서로를 위해 기도하고, 함께 기뻐하며, 어려울 때에는 손을 잡아주는 공동체의 힘은 가정의 신앙 교육에서 중요한 역할을 합니다.

- **감사의 마음**

이 책의 마지막 장을 덮으며, 우리는 새로운 시작을 맞이합니다. 하나님 안에서의 교육, 그분의 사랑으로 가득 찬 가정, 그리고 함께하는 공동체. 우리의 작은 걸음들이 모여, 세상에 빛을 비추는 큰 불빛이 되기를 간절히 소망하며, 여러분의 여정에 하나님의 은혜와 축복이 늘 함께하길 기도합니다. 우리의 자녀들이 세상의 가르침 대신 하나님의 말씀을 마음에 새기고, 그 말씀을 삶 속에서 실천하도록 돕는 것이 우리의 역할입니다.

1판 1쇄 발행일	2025년 3월 14일

지은이	국진호
펴낸이	황준연
표지 본문 디자인	오형석

펴낸곳	함성행성
출판사등록	2024.2.8(제2024-9호)
주소	제주도 제주시 화삼북로 136, 102-1004
이메일	huang1234@naver.com
연락처	010-7651-0117
홈페이지	https://class.authorshouse.net
ISBN	979-11-990621-3-9 (03230)

함성행성
인생을 바꾸는 한 권의 책, 〈함성행성〉이 선물합니다.

함성행성은 〈작가의집〉의 출판 브랜드입니다.

· 이 책은 저작권법에 의하여 보호를 받는 저작물이므로 무단 전재와 복제를 금합니다.
· 파본은 구입하신 서점에서 교환해드립니다.